梦山书系

幼儿园自制玩教具
精选50例

王哼◎主编

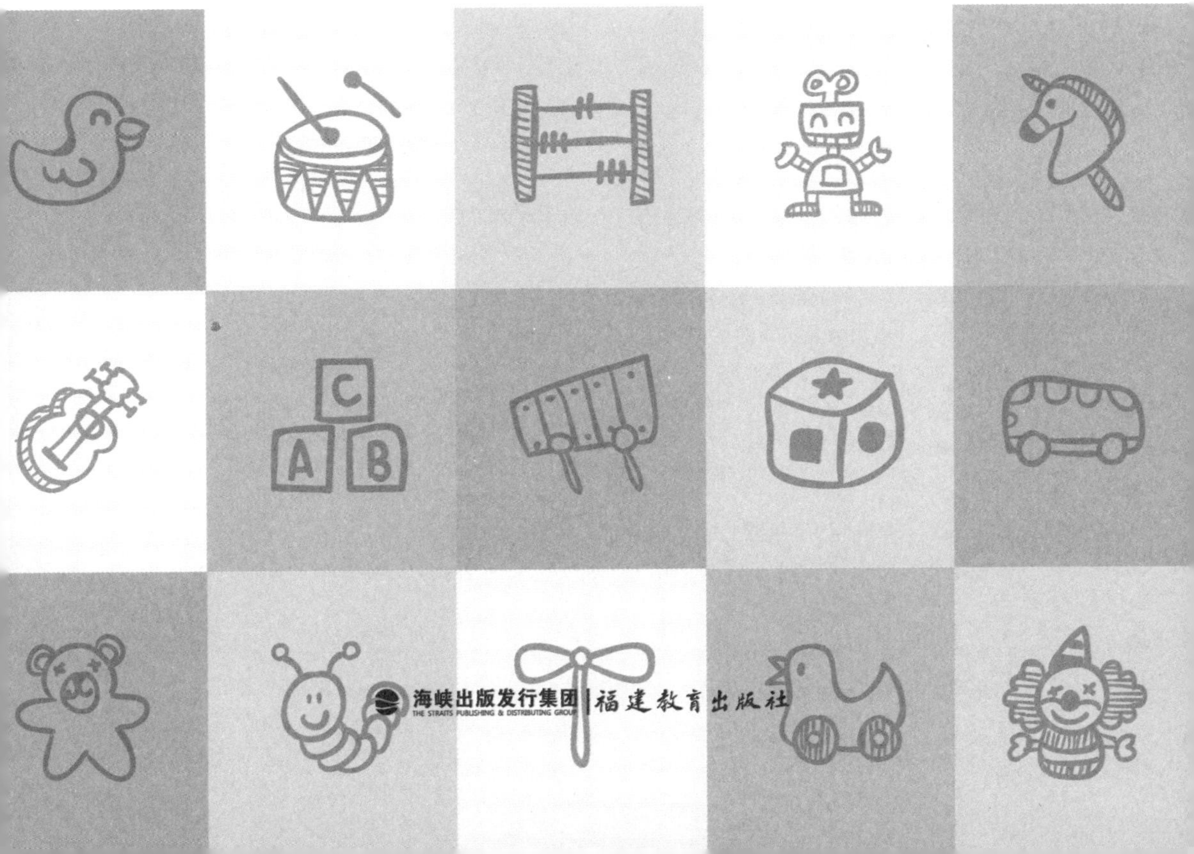

海峡出版发行集团　福建教育出版社

图书在版编目（CIP）数据

幼儿园自制玩教具精选50例/王哼主编．—福州：福建教育出版社，2020.12（2023.4重印）

ISBN 978-7-5334-8889-5

Ⅰ．①幼… Ⅱ．①王… Ⅲ．①幼儿园－自制玩具②幼儿园－自制教具 Ⅳ．①G614

中国版本图书馆CIP数据核字(2020)第213212号

You'eryuan Zizhi Wanjiaoju Jingxuan 50 Li

幼儿园自制玩教具精选50例

王哼 主编

出版发行	福建教育出版社
	（福州市梦山路27号　邮编：350025　网址：www.fep.com.cn
	编辑部电话：010-62027445
	发行部电话：010-62024258　0591-87115073）
出 版 人	江金辉
印　　刷	福建东南彩色印刷有限公司
	（福州市金山工业区　邮编：350002）
开　　本	710毫米×1000毫米　1/16
印　　张	14.75
字　　数	205千字
插　　页	2
版　　次	2020年12月第1版　2023年4月第2次印刷
书　　号	ISBN 978-7-5334-8889-5
定　　价	52.00元

如发现本书印装质量问题，请向本社出版科（电话：0591-83726019）调换。

目 录

神奇大魔箱 / 001
狗撵兔 / 006
创意画笔 / 011
百变头盔 / 015
机智的羊宝宝 / 023
智慧方 / 027
百变魔盘 / 032
百变抱枕 / 042
缤纷瓶盖乐 / 046
神奇智慧树 / 052
三只蝴蝶 / 059
奇妙的转盘 / 064
本领大的挖掘机 / 068
可爱的小兔 / 072
海洋玩水组 / 075
步步为"棋" / 078
好玩的窗帘 / 081
可控风水车 / 085
多功能汉堡棋盒 / 089
好玩的逻辑狗 / 094
乐器组合 / 098

好玩的木棍 / 102
会动的故事 / 105
解救小鲸鱼 / 109
海底总动员 / 115
筐筐宝贝 / 119
图形变变变 / 123
数学魔具 / 128
趣玩电力 / 133
小猫钓鱼 / 139
快乐魔盒 / 142
秘密小屋 / 147
竹趣 / 153
好玩的废旧纸筒 / 159
奇趣纸箱 / 167
超级趣味小火车 / 173
纸箱总动员 / 178
智慧百宝箱 / 185
牛顿斯诺克 / 190
荷花转转转 / 193
喂喂小青蛙 / 197
纸杯消消乐 / 200

小糖豆的书之大大小小 / 203

花样玩圈 / 208

弹跳小达人 / 211

百变水管 / 214

好玩的管子 / 217

你我变变变 / 221

妙妙屋 / 225

跑旱船 / 229

神奇大魔箱

适宜年龄：小班、中班、大班

一、发展目标

1. 通过触摸箱里的不同物体，感知、发现物体的软、硬、光滑、粗糙、冷、温、凹凸等属性，发展幼儿的触摸感觉，促使幼儿运用正确的词语表达自己的感受。
2. 直观认识物体的空间、方位等。
3. 发展语言、数学、交往能力等。
4. 能遵守规则，与同伴合作游戏。

二、制作材料

1. 木板、颜料、指针、布帘、橡皮筋。
2. 砂纸、卡纸、刺球、乒乓球、海绵、鹅卵石、粘扣、布球。

三、制作方法

1. 用木板做成一个上下两个面为正方形的立方体，上面的正方形为可打开的盖子，四周均是空的，每一个侧面都分为大小相同的两格。

2.箱体内是一个用薄木板做成的、涂了颜色的"米"字架。

3.在盖子面上画一个带指针的八格转盘,依次将格子涂成红、黄、蓝、绿、红、黄、蓝、绿色。

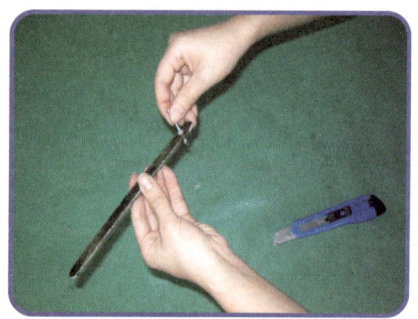

4.箱体外围用有弹力的布包围,布帘的上下两头用橡皮筋固定在箱体上。布帘由颜色顺序为红、黄、蓝、绿、红、黄、蓝、绿八块颜色不同的布组成。每一块布中间留出一条小缝,供幼儿的手伸进、缩回。

5.箱体内分别放有：砂纸、卡纸、刺球、乒乓球、海绵、鹅卵石、粘扣、布球。箱内物品可根据需要更换，比如蔬菜、水果、动物等。

四、建议玩法

1.作为教具时，老师出示神奇的大魔箱，请八名幼儿分别从不同的方向将手伸到大魔箱中触摸，说出触摸的感觉，并说出里面装的是什么。

2.作为玩具时，在科学区里，几名幼儿轮流拨指针，指针指向哪一格，拨指针的幼儿就用手摸对应的格内物品，说出触摸的感觉并猜猜里面是什么。

五、实践案例

早餐后，幼儿们像往常一样，取下进区卡选择自己喜欢的区角开始游戏。

"小博士"科学角是幼儿们争先恐后抢占的区域，那里既神奇又有趣。一次，一阵激动又兴奋的声音吸引我走进科学角一探究竟，原来硕硕和其他几个小伙伴正在与神奇的魔箱玩"猜猜看"。这是一个神奇的魔箱，里面有八个颜色不同的格子，每个格子里都藏着神奇的宝贝，由于每天都会有"魔法师"打开魔箱调整里面的物体，所以幼儿们总是对神秘的魔箱感到好奇。

硕硕拨了一下魔箱外面的指针，指针指向了红色，他小心翼翼地把手伸进去，说："这个东西摸起来软软的，很舒服哟！"

硕硕的话引起了旁边几个小朋友极大的兴趣，大家七嘴八舌地猜测着，有的说是轻黏土，有的说是毛绒玩具，有的说是橡皮泥，而恂恂说是棉花。

硕硕拿出来一看，果真是棉花，恂恂获得了大家祝贺的掌声。

接下来，由恂恂来拨指针，这次指针指向了绿色，他迫不及待地把手伸进去，只听"哎呀"一声大叫，恂恂迅速把手缩回来，大家跟着一起紧张起来。

"这个东西很扎手。"恂恂说。

大家皱着眉头嘀咕着：格子里到底是什么。

恂恂再次把手伸进去，摸了很久，然后告诉大家："这个东西很硬，有些尖尖的东西。"

大家你看看我、我看看你，没一个人说话。

硕硕带头数了"一、二、三！"

恂恂拿出来一看，原来是一颗松果。

原来大魔箱里并没有危险的东西，这下幼儿们可以放心玩游戏了。

出于好奇,幼儿们一个个用小手来感受松果的坚硬和粗糙。

摸完后,昊昊看着松果说:"这么硬的东西,为什么松鼠喜欢吃呢?"

露露回答说:"是要去皮的。"

"可是松鼠没有手啊。"昊昊接话。

"我们去找松鼠的图片看一下就知道了。"露露拉着昊昊去旁边的美工区找松鼠的图片。

……

就这样,幼儿们在游戏中既得到了快乐,又学到了知识。

重庆市新桥医院幼儿园　胡春艳　周丹

狗撵兔

适宜年龄：中班、大班

一、发展目标
1. 探索和发现平衡的秘密，在制作和玩耍中体验快乐。
2. 养成动手动脑的好习惯。

二、制作材料
牙签、吸管（中间扎上孔）、泥巴。

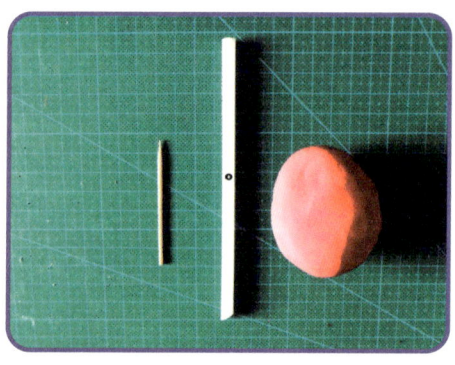

三、制作方法
1. 把泥巴分成两团，大团的泥作底座，上面插上牙签，注意牙签尖头朝上。

2.将剩下的一团泥分成两半。

3.把分成两半的泥巴团成两个球,然后捏出狗和兔子的形象。

4.分别将狗和兔子安放在吸管的两端。

5.将吸管小孔扎在牙签上,转动吸管就可以玩了。

四、建议玩法

"狗撑兔"制作方法简单,具有民间特色,是一款利用惯性进行游戏的玩具。通过玩耍"狗撑兔"玩具,幼儿可探索力的平衡,体验物体惯性转动的乐趣。"狗撑兔"可以单人玩耍,也可以两名幼儿一起玩,比一比谁转的时间长。

五、实践案例

活动:狗撑兔

设计思路:

该活动来源于民间传统泥玩具"狗撑兔",幼儿在制作和玩耍

"狗撵兔"时不仅能获得快乐的活动体验，还能探究该活动中蕴含着的大量的科学和数学元素，使幼儿在活动中能够动手动脑，愉悦身心，启迪智慧。4岁左右的幼儿，对大小、轻重有了一定的认识和了解，本次活动结合绘本《两只笨狗熊分面包》的故事，将分面包迁移为分泥巴，加深幼儿对大小的理解。在此基础上，幼儿制作玩具"狗撵兔"更是将传统文化和陶艺教育等多元领域知识进行整合的一种新的尝试。

活动目标：

1. 学习用目测等方法等分切泥。
2. 探索和发现平衡的秘密。

活动准备：

陶泥若干，小切刀幼儿每人一把，吸管、牙签每人一根，提前在吸管的中心位置扎上圆孔，便于幼儿插入牙签。

活动过程：

1. 出示泥玩具"狗撵兔"，让幼儿说说玩具名称的来历以及玩法。
2. 观察泥玩具的结构和材料。

教师：这个泥玩具有几团泥？这几团泥的大小怎样？（一团大，两团小）

教师：怎样才能把泥切得一样大？不一样大怎么办？

幼儿讨论，可提示幼儿回忆《两只笨狗熊分面包》的故事情节。

3. 尝试用小切刀分泥。

刚切好的泥不容易看出大小，可提醒幼儿把泥团成球，看一看、比一比是否一样大，不一样大的继续调整。

4. 幼儿制作玩具，教师巡回指导。
5. 集中讨论幼儿在制作过程中的难点和疑问。如：玩具为什么转不起来？怎样才能平衡？为什么会倒？底座怎样才能稳？

指导幼儿观察吸管插入牙签后是不是两边一样高，可以通过给小动物加上蝴蝶结增重或移动小动物位置等方式来调节平衡。

6.幼儿自由玩耍泥玩具。

教学建议：

1.年龄小的幼儿捏塑有困难，对"狗"和"兔子"的形象可不作具体要求，团成圆球即可。年龄大的幼儿可以做成自己喜爱的其他动物形象，也可添加使用"活动眼珠""羽毛"等辅助材料，让小动物形象更鲜明有趣。

2.吸管上的小孔可以多扎几个，供幼儿玩耍时调节前后，探索平衡。

信息工程大学洛阳校区幼儿园　沈蒨

创意画笔

适宜年龄：中班

一、发展目标

1. 根据幼儿自己的意愿选择工具和颜色，独立完成作品。
2. 提高幼儿对线条、颜色的认识和运用能力。
3. 引导幼儿喜欢美术活动，体验成功的喜悦。

二、制作材料

海绵纸、KT板、吸管、双面胶等。

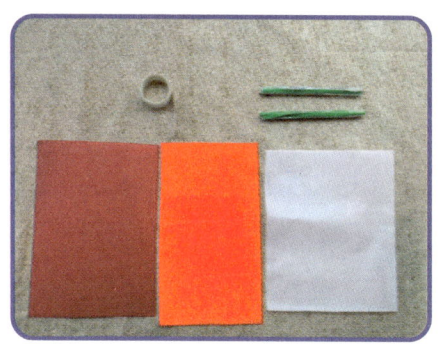

三、制作方法

中班幼儿绘画水平已经从涂鸦期过渡到象征期，能够运用多种颜色、多种几何形状、多种实物图形等来进行绘画。"创意画笔"能够激发幼儿参与活动的积极性以及发展幼儿小肌肉协调能力,并提高幼儿对线条、颜色的运用能力。

1.将KT板剪成条状,与吸管一起制作成画笔笔杆;将海绵纸剪成条状或锯齿状,用以制作画笔笔头。

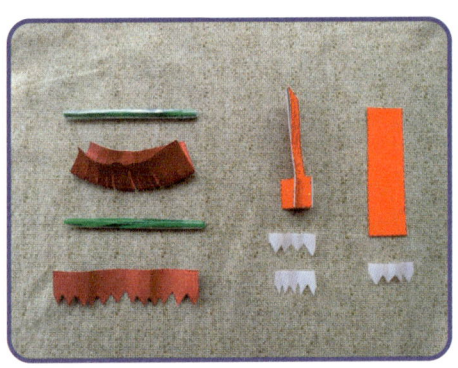

2.用双面胶将剪好的海绵纸粘贴固定在吸管及剪好的KT板上,检查是否牢固,即可完成制作。

四、建议玩法

1.为幼儿提供"创意画笔"及各色颜料,幼儿进行自由涂鸦绘画。

2.通过"创意画笔"开展美术活动,要求幼儿能够独立完成作品。

五、实践案例

活动：秋姑娘的头发

活动目标：

1.幼儿能用多彩的颜色和不同的线条描绘秋姑娘的头发。

2.幼儿能够独立完成作品，体验美术创作活动的乐趣。

活动准备：

1.各色颜料、创意画笔、绘画纸。

2.秋姑娘的图片，优美的背景音乐。

活动过程：

1.出示秋姑娘的图片，让幼儿欣赏、观察秋姑娘头发的秘密。

引导语：小朋友们，你们在秋姑娘的头发中都看到了什么？（有不同的色彩：红、黄、绿；有不同的形象：树叶、玉米、水果、田野……）

2.观察不同的秋姑娘头发图片。

引导语：你最喜欢什么样的头发，为什么？你想为秋姑娘设计什么样的头发？

教师小结：幼儿们看到秋姑娘头发的颜色是五彩缤纷的，图案花纹丰富多彩，个个都想为秋姑娘设计美丽的秀发。

3.提供创意画笔，幼儿自由作画。

4.教师巡回指导,根据幼儿绘画情况提供帮助。

5.赏析讲评:请画完的幼儿将画贴到秋姑娘背景图上,互相欣赏评价。

活动反思:

当幼儿看到创意画笔时,他们的创作愿望和兴趣一下被激发出来,能够积极大胆地表现自己的情感和体验,就连平时最不爱画画的幼儿也敢于表达、敢于动手创作了。

在赏析评价环节,幼儿把自己的作品粘贴在事先布置好的秋姑娘背景图上,和其他小朋友分享自己的绘画作品,深切感受秋姑娘的美,是"她"给我们带来了缤纷的色彩和丰收的喜悦!幼儿通过创作绘画作品,体验到了美术活动的乐趣。

山东省济南二机床集团有限公司幼儿园　高春林　张蒨

百变头盔

适宜年龄：小班、中班、大班

一、发展目标

1.感受材料的形状、光滑程度与平衡的关系，引导幼儿寻找过桥方法，提升幼儿的平衡能力。

2.感受负重走、跑的乐趣，锻炼幼儿手部和腿部的大肌肉。

3.感受投掷与投篮的高低、距离以及手臂的力量之间的关系，锻炼幼儿手眼协调能力。

4.探索不同的跳法，提高幼儿跳的能力，锻炼体能。

5.大胆攀岩，探索在光滑面进行攀岩的方法，提高幼儿攀爬和自我保护的能力。

二、制作材料

头盔、可伸拉铁管支架、粗线绳、钢管、膨胀丝、栏杆、皮筋、沙包。

三、制作方法

废旧头盔坚硬、结实、耐用、安全性高，幼儿可以在上面走、坐，利用它攀爬、投掷，同时废旧头盔与其他材料组合方便、灵活、变化多，能够满足幼儿各种运动需求，对于幼儿体能的提升有非常大的帮助，是其他材料不可替代的。教师希望通过玩教具"百变头盔"的不同造型，引导幼儿在玩的过程中提升走、跑、跳、攀爬、投掷、平衡等综合能力。

百变头盔由荡桥、投掷器、抬花轿、攀爬拓展、跳跳乐五部分组成。根据幼儿的年龄特点，设计出不同的头盔玩法和难度，以满足3-6岁的幼儿同时游戏的需要，提高幼儿参与活动的主动性，促进幼儿身心健康发展。

1.荡桥

可拉伸铁管支架：长2 m、宽85 cm。粗线绳横穿过头盔：长1.2 m。

由粗细不同的钢管组成的荡桥架，可伸缩、可拆卸，方便收纳，方便幼儿自己动手安装荡桥。

2.投掷器

高型投掷器：高度为1.4 m和1.6 m。

中型投掷器：高度为1 m和1.2 m。

小型投掷器：高度为60 cm和80 cm。

把头盔固定在不同高度的支架上，即可形成高低不同的投掷器，既能满足大、中、小班三个年龄段幼儿的游戏需求，也为同年龄段能

力强的幼儿提供了挑战机会。

3. 抬花轿

在长度为 90 cm 的两根钢管的两侧，分别固定两根长度为 60 cm 的粗线绳，中间再系一个头盔即可完成制作。

4. 攀爬拓展

用膨胀螺丝将头盔固定在墙上，头盔距离为 10 cm 至 60 cm 不等。

5. 跳跳乐

用长度为1.5 m的粗线绳，每隔一段距离安放一个头盔，或者按照一定的形状进行组合。

四、建议玩法

1. 荡桥

幼儿从桥头出发，双手扶住栏杆，脚踩头盔，向前移动。

2. 投掷器

幼儿站在指示线外，将沙包投进投掷器中。三组投掷器组合到一起，支架高80 cm，以下部分可以随意缠绕绳子，幼儿在下面自由钻爬。

3. 抬花轿

将头盔底座的绳子套入铁管中,两名幼儿分别抬起花轿的两头,一名幼儿坐在头盔中,双手扶住把手。

4. 攀爬拓展

幼儿腰部捆住安全绳,在墙壁上找三个头盔,站上去,然后不断变换重心的位置,蹲下、弓步、屈膝、手臂伸直,寻找最稳当的方法进行攀爬。

5.跳跳乐

（1）粗线绳和头盔组合成五边形，内含5个等边三角形。外围用沙袋拉直固定，幼儿在其中可任意跳、双脚跳、单脚跳。

（2）把头盔摆出两摞，高度到幼儿膝盖处，将绳子固定在最上面，在地面上组合成"一"字形，可供幼儿进行助跑跨跳。

（3）把头盔自由摆放在地面上组合成"S"形，幼儿可以进行绕障碍跑，还可以踩在头盔上模仿过小桥的动作。

五、实践案例

活动一：小马运粮

活动目标：

1. 幼儿尝试在荡桥上负重走，增强幼儿的平衡能力。
2. 培养幼儿克服困难的精神，发展幼儿动作的协调性和灵活性。

活动准备：

1. 沙袋若干。
2. 准备好荡桥场地。

活动过程：

1. 带领幼儿随音乐"健康舞"做准备运动。
2. 游戏"小马运粮"。

规则：每匹"小马"每次只能运一袋粮食，提醒幼儿过平衡木荡桥时要注意安全。

3. 增加难度，每匹"小马"每次运多袋粮食，运到的粮食最多的幼儿为胜利者。
4. 教师小结。

活动二：谁的本领大

活动目标：

1. 让幼儿初步掌握肩上挥臂投准的基本方法，锻炼其手臂力量。
2. 激发幼儿对投掷活动的兴趣，培养幼儿勇于尝试的精神。

活动准备：

沙包、头盔若干。

活动过程：

1. 教师带领幼儿排成两路纵队进入活动场地，进行热身活动。
2. 幼儿自由玩投沙包，让幼儿在实际投掷中找出能够将沙包投得又远又省力的方法。
3. 教师讲解动作要领并示范：手臂弯曲在肩上，两脚前后分开放，身体后仰，用力蹬地将沙包投向前方。

4.通过游戏"看谁的沙包投得准"帮助幼儿巩固练习投沙包。

5.教师小结。

活动三：攀爬小勇士

活动目标：

1.能大胆地尝试进行攀爬练习，训练幼儿动作的协调性。

2.使幼儿体验攀爬运动的乐趣并能坚持参加活动。

活动准备：

彩旗、攀爬墙。

活动过程：

1.带领幼儿玩小小登山队员的游戏。

2.攀爬动作专门练习：手脚着地爬（小乌龟爬），手膝着地爬（小猴子爬），匍匐前进等动作。

3.游戏"登山比赛"：幼儿分两组进行登山比赛，先拿到彩旗的幼儿为胜。

4.教师总结游戏情况。

5.放松、整理，结束活动。

山东省荣成市第三实验幼儿园　张锦蓉　于娇燕　孙静

机智的羊宝宝

适宜年龄：中班

一、发展目标

1. 激发幼儿运动的热情，培养幼儿的手眼协调能力，锻炼幼儿的反应能力。
2. 通过自己动手动脚，发展小肌肉的灵活性和大肌肉的力量性。
3. 增强幼儿的自我保护意识。

二、制作材料

KT板、即时贴、PVC管、奶粉罐、橡皮泥盒、木棍。

三、制作方法

该玩教具的主要组成部分是蘑菇房子和小动物。结合幼儿的生活，将大灰狼和小羊的动物形象与打地鼠的游戏、射球入门游戏、投掷游戏等相结合，幼儿更感兴趣而且安全性更高。"机智的羊宝宝"玩教具有利于幼儿多项技能的发展，体现了废旧物品利用的合理性。

1. 蘑菇房子的屋顶选用材质较轻的KT板，刻画出蘑菇的形状，用即时贴装饰。
2. 蘑菇房子的主体选用材质比较硬而且安全的木板，合理安排4个门窗的位置，用刀锯切割，表面用彩色即时贴和壁纸包裹。

3. 在房子的后面两侧一边安放了一个木制的支架，为了房子的稳定性安装时支架要稍向后倾斜一些。

4. 小羊的身体用废旧奶粉罐和PVC管组成，将奶粉罐底部钻眼儿，将PVC管插入，用铁丝和螺丝帽固定。

5. 奶粉罐表面用白色皮油包裹更安全，PVC管用彩色即时贴装饰。

6. 大灰狼的身体用塑料的橡皮泥盒制成，便于敲打，制作方法同小羊。

四、建议玩法

玩法一：狼抓小羊

四名幼儿坐在房子的后面扮演小羊，手持小羊的PVC管，控制小羊从门洞钻进钻出，眼睛通过窗户观察大灰狼的动态，发现大灰狼来

了,立刻将小羊撤回。由一名幼儿坐在房子的前面,扮演大灰狼,手持大灰狼的PVC管,发现小羊出来后,立即敲打。

玩法二:大灰狼投炸弹

一名幼儿头戴大灰狼头饰,手拿炸弹(沙包)站在房子前面,往房子的门里扔炸弹。由四名幼儿坐在房子后面扮演小羊,手持小羊的PVC管,控制小羊,看到炸弹来了,立刻将炸弹推出去。

玩法三:射球入门

一名幼儿或多名幼儿站在房子前面,用脚将小球或沙包踢入门中。

五、实践案例

活动:机智的羊宝宝

活动目标:

1.激发幼儿运动的热情,培养幼儿的手眼协调能力,锻炼幼儿的反应能力。

2.幼儿通过自己动手动脚,发展小肌肉的灵活性和大肌肉的力量性。

3.在游戏中培养幼儿的合作意识,体验游戏带来的快乐,增强幼儿的自我保护意识。

活动准备:

1.自制玩教具"机智的羊宝宝"。

2.羊妈妈、羊宝宝、大灰狼头饰若干。

3.提前将幼儿分组,五人一组,一人扮演大灰狼,四人扮演小羊,提前熟悉游戏规则。

活动过程:

1.活动导入(热身运动)

教师戴羊妈妈头饰扮演羊妈妈,带领幼儿(戴着小羊头饰)伴随主题音乐出场。幼儿跟随"羊妈妈"做弯腰、转腰、蹦蹦跳跳的动作,调动幼儿参与活动的积极性。

2.设定情景,开始游戏

(1)狼抓小羊

扮演大灰狼的小朋友出场。

教师:大灰狼来抓小羊了,小羊们快躲好。

四名扮演小羊的幼儿坐在房子的后面,手持小羊的PVC管,控制小羊从门洞钻进钻出,幼儿的眼睛要通过窗户观察大灰狼的动态,发现大灰狼来了,立刻将小羊撤回。

(2)大灰狼投炸弹

教师:大灰狼抓不到小羊,他要向我们扔炸弹(沙包)了,小羊们要保护好我们的家园。

头戴大灰狼头饰的幼儿手拿炸弹站在房子前面,往房子的门里扔炸弹。坐在房子后面扮演小羊的幼儿看到炸弹来了,立刻将炸弹推出去。

3.放松环节

教师(羊妈妈)带领幼儿(小羊)赶走大灰狼。

4.结束部分

教师带领幼儿伴随主题曲走出教室。

山东省莱州市驿道镇中心幼儿园 吕珈靓

智慧方

适宜年龄：小班、中班、大班

一、发展目标
1. 感知立体图形，幼儿能找出生活中类似正方体的物品。
2. 培养幼儿的观察能力和空间感知能力。

二、制作材料
印制板若干、剪刀、固体胶、纸盒以及各种益智类图片。

三、制作方法
制作方法的主要原理是借用正方体造型，巧妙地将构建、垒高、数卡、点卡、数符、拼图、迷宫、时钟、晴雨表、七巧板、四巧板等融于一体，成为一个有趣的智慧方。具体制作方法如下：

1. 选用软硬适中的印制板若干，制作成大小形状一致的正方体27个，可整齐重叠，在裁剪上需要特别细致。

2. 选取能够套住27个正方体的6面纸盒，尺寸必须测量精细。

3. 精心选择与设计各类图案，集

游戏性与综合性于一体，更易激发幼儿参与游戏的积极性。

四、建议玩法

1.多变的七巧板、四巧板。引导幼儿说说图形的颜色、名称、形态特点等。巧秒借用图形的外形特征，创造性地构建多种造型。

2.正方体游戏。引导幼儿从最简单的构建开始，运用多变的造型进行拼搭、垒高等游戏。中班幼儿可以将一个正方体等分，或者将多种小图形经过组合，变成一个大正方体。

3.益智游戏。各种色彩的正方体及多个正方体上附有0-9的数字、各种数学符号、点卡、图形等。教师可以根据不同年龄阶段的幼儿开展点数游戏、比大小、感知数量、加减运算、排序等活动。而精

心设计的抽屉式正方体隐含着颜色配对、图形配对、图形组合等多种玩法。

4.趣味拼图。可从填图开始,逐渐增加难度。中国地图的出现,为幼儿熟练感知我国的地理环境奠定了一定的基础。

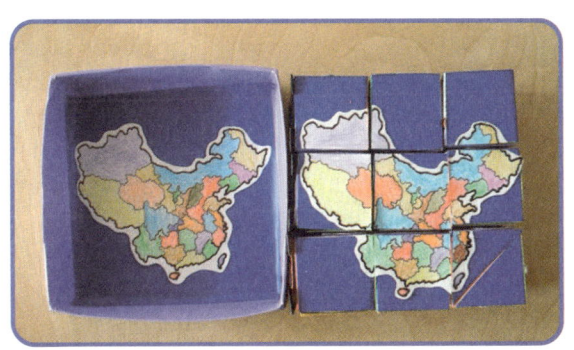

5.棋类、迷宫游戏。① 迷宫游戏：螃蟹迷宫、小鸡找鸡妈妈。②自制棋谱：以幼儿一日生活常规为准则，进行巧妙引导，有效促进幼儿多方面发展。

6.认识时钟、晴雨表记录。①晴雨表上各种天气情况及气象标志方便幼儿进行简易的每周气象记录。②小鸟拼图，同时又是一个可以拨动的时钟，为幼儿感知、认识时钟提供了方便。

五、实践案例

活动：感知正方体

活动目标：

1.让幼儿初步感知正方体的基本特征。

2.感知立体图形，幼儿能找出生活中属于正方体的物品。

3.发现遮挡关系，培养幼儿的观察能力和空间知觉能力。

活动准备：

课件、教具。

活动过程：

（一）导入活动

1.出示用正方体构建的房子图片。

教师：小朋友们看看，这是什么？房子上有什么图形？有几个？

它们一样大吗?

2.请幼儿观察正方体。

教师:正方体由几个面组成?(幼儿用彩笔点数)

教师:每个面都是什么图形?每个图形一样大吗?

小结:用六个完全相同的正方形围成的立体图形叫正方体。

3.师幼互动,请幼儿说一说生活中有哪些物品类似正方体。

(二)游戏活动"掷色子"

规则:色子六个面上分别标注不同问题,请一名幼儿掷色子,其他幼儿根据色子的数字回答相对应的问题,回答正确的幼儿可以上台掷色子,依次轮换。

问题1:正方体有几个面?

问题2:正方体的六个面一样大吗?

问题3:生活中有哪些东西类似正方体?

问题4:生活中有哪些东西类似正方形?

问题5:正方体的六个面是什么图形?

问题6:正方形与正方体的区别是什么?

(三)寻找正方体

逐一出示重叠摆放的正方体,图形由易到难。请幼儿观察,能找到几个正方体,引导幼儿发现隐藏、遮挡的部分。教师可以用实物教具帮助幼儿理解遮挡关系。

江苏省苏州市苏州叶圣陶实验小学幼儿园　王静

百变魔盘

适宜年龄：小班、中班、大班

一、发展目标

1. 利用魔盘进行各种技能训练，并能探索魔盘的多种玩法，充分体验"一物多玩"的乐趣。

2. 能按意愿选择自己喜欢的活动区域，遇到问题能进行协商，培养幼儿的交往能力，体验与同伴合作的快乐。

3. 让幼儿学会遵守游戏规则，并能大胆地在集体面前评价自己的游戏过程。

二、制作材料

布、皮筋、魔术贴、呼啦圈等废旧材料。

三、制作方法

农村有着丰富的乡土资源，以竹子、布为主要原材料，利用家长资源自制成一系列低成本，具有趣味性、操作性等特点的体育器械——魔盘，能够丰富幼儿的区域游戏内容。这套运动型玩具富有浓厚的乡土特色，易清洗、易收藏、易组合、易拆卸，融创造性、趣味性、多变性于一体，安全、实用。

它的制作方法很简单，用皮筋将直径为60 cm的圆形布做成"浴帽"，将做好的"浴帽"套在直径为50 cm的呼啦圈上形成魔盘。魔术贴缝在魔盘的四边，魔盘可做若干，颜色可不同。魔盘上可贴上1-10的数字。

四、建议玩法

魔盘的玩法很多，其形式多样、有趣而富有挑战性的特点最为吸引幼儿。该游戏可简单玩，也可多个魔盘组合玩、变身玩，既锻炼幼儿的运动技能，发展身体动作的协调性和灵活性，又能让幼儿充分体验到"一物多玩"的乐趣，玩累后还可以坐在魔盘上休息！

1. 简单玩

（1）帽子顶着走

(2) 轮子滚滚滚

(3) 变成石头跳过去

2.合作玩

(1) 争先恐后向前走

幼儿手拿2个魔盘铺在地上，踩上一个后，迅速交替向前铺，形成一条小路。这条小路可以是直的也可以是弯的，可以一名幼儿自由玩，也可以多名幼儿比赛玩。

（2）蚂蚁搬家

两名以上幼儿参加，魔盘数量始终比幼儿人数多一个。将魔盘铺在地上，幼儿站在魔盘上。最后一名幼儿将多的一个魔盘依次递给前面的幼儿，由排头幼儿将魔盘铺到前面，队伍立即整体向前移动一格，直到终点。

（3）抢占魔盘

两名以上幼儿参加，魔盘数量始终比幼儿人数少一个。幼儿围着魔盘转圈，听教师口令抢占魔盘，没有抢到者出局，其他幼儿继续游戏，直到最后一名胜出。

（4）大浪小浪

幼儿站成两路纵队，两两相对手持魔盘，变成波浪。冲浪幼儿在浪前准备好，排头幼儿发出口令"大浪"，波浪变高，冲浪幼儿从浪底依次钻过；排头幼儿发出口令"小浪"，波浪变低，冲浪幼儿从波浪上方依次跨过。

(5) 魔盘运球抛接球

将球放在魔盘上，幼儿单独运球或合作运球；单独抛接球或一个抛，另一个接。

3. 变身玩

(1) 掷色子

用6个魔盘拼成色子。4名幼儿两两一组，一名幼儿掷色子，掷到几，同组另一名幼儿就向前跳几次或跨几步，两组幼儿轮流玩，看

哪一组先到终点。

（2）翻山越岭

将魔盘拼成山洞和小山，幼儿从山洞里钻过，从小山上越过。

（3）投球入篮

将魔盘拼成魔筐，多个魔筐进行垒高，幼儿站在固定距离外将球投进魔筐里，看谁投得准。魔筐高度和距离可自由调节。

（4）跨栏

将魔盘和小棍组合变成跨栏，幼儿玩跨栏游戏，可以挑战不同的高度。

(5) 赶小猪

将拼成的魔筐放在地上，没蒙布的一面对准幼儿，幼儿站在固定距离外，将纸球小猪赶进魔筐里，看谁赶得快、赶得准。

(6) 走迷宫

将魔盘拼成各种形状和难度的迷宫，幼儿在迷宫的世界里自由穿梭爬行。

4.魔盘变垫子

玩过一系列游戏后，需要休息的话，魔盘可以变身为垫子，幼儿直接坐在上面休息。

五、实践案例

活动：魔盘魔力玩

活动目标：

1.让幼儿利用魔盘进行各种技能训练，训练幼儿动作的协调性、灵活性。

2.探索魔盘的多种玩法及魔盘的各种排列方法，培养幼儿动手动脑的能力。

3.乐意与人合作，体验与同伴合作的快乐。

活动准备：

幼儿人数20人，人手1个魔盘；配班老师1人，大灰狼头饰1个；魔盘上分别贴有1-10的数卡等。

活动过程：

（一）热身运动

1.幼儿选一个魔盘拿在手上随强节奏音乐走进场地。

2.幼儿随韵律操音乐做魔盘健身操。

（幼儿用魔盘做操，不仅能集中幼儿的注意力，使他们精神振奋、情绪活跃，同时也能够为下一个活动环节做好心理的准备。）

（二）探索魔盘的不同玩法

1.变成方向盘

教师：魔盘变变变，变成方向盘（教师和幼儿听开汽车音乐在场地四周自由地作开车状，教师以"红灯停、黄灯准备、绿灯开"为口令使幼儿变换方向向前开、向后开、转弯开）。

2.变成碰碰车

教师：魔盘变成碰碰车，碰碰车开起来了（教师引导幼儿和同伴碰一碰，如碰手臂、碰后背、碰屁股等）。

3.自由变化

教师：魔盘变成碰碰车，还可以变成什么呢？找一个空地方试一试，可以单独玩，也可以跟好朋友一起玩。

幼儿尝试各种玩法：变成小飞碟——向上抛；变成小马——双腿夹紧魔盘跳；变成帽子——头顶魔盘四处走；变成石头——魔盘放在地上，双脚跳过去；变成乌龟壳——魔盘放在背上，手脚着地爬……

（活动中，幼儿边玩边向同伴介绍自己的玩法，在玩的过程中积极思考，既发展创造力，又促进身体素质和活动能力的提高。）

（三）尝试用魔盘合作玩

1. 观察魔盘

教师：小朋友真了不起，把魔盘变成那么多有趣的东西，现在魔盘变成小椅子，坐在椅子上休息一会儿吧！每个魔盘上都有不一样的数字宝宝，你的魔盘上面是数字几？

（在较大活动量之后，幼儿需要简单的调整休息，在休息过程中，观察魔盘的形状特征，为下一个利用魔盘进行排序的环节做好经验准备。）

2. 魔盘排队

教师：这些魔盘中，哪个魔盘上的数字最大？哪个数字最小？如果让你来给魔盘排队你会怎么排？

3. 双脚单脚跳魔盘

(1) 教师：看魔盘排成长长的两队，我们可以怎么玩呢？

魔盘按照1-10或者10-1的顺序排成两队，幼儿成两路纵队分别站在魔盘后，从排在第一的幼儿开始进行双脚单脚跳魔盘，单数单脚跳，双数双脚跳，返回拍一下下一名幼儿的手排至队尾，下一名幼儿再开始。

(2) 教师：魔盘除了可以像刚才一样按照数字大小排队之外，它还可以怎么排队呢？

幼儿自由结伴，将魔盘拼成各种图案、圆形进行单脚或双脚连续跳或左右脚交替跳等活动。

（魔盘可随意拼接、组合，赋予变化，幼儿不仅能利用魔盘进行数字排序，还能拼接成各种图案，还能自然而然地进行合作，每名幼儿的基本技能在参与游戏的过程中都能得到提高。）

(四)结束活动

1.教师：魔盘累了，让魔盘休息一会儿吧！

幼儿头顶魔盘随轻音乐走成圆圈，然后将魔盘放在地上，老师站在圆圈中间，幼儿离开魔盘围在老师的四周。

2.教师：今天我们发现了魔盘的许多玩法，还用魔盘拼成了各种形状，下次我们再继续探索新的玩法吧。

(五)活动延伸

继续引导幼儿将魔盘进行拼接，探索走迷宫、投篮等玩法。

活动反思：

把魔盘作为活动材料，既实用又安全，幼儿非常喜欢。活动中，幼儿始终以饱满的热情、愉快的情绪参与其中，他们不仅能用魔盘进行各种动作训练，还能随意拼接组合，连平时不爱动手的幼儿也想出了各种玩法。他们的想象力、创造力得到充分的发展，同时幼儿在活动中体验到与同伴一起玩的乐趣，锻炼了幼儿主动交往、相互合作的能力。

江苏省海安市曲塘镇李庄幼儿园　王兴娟　吴娟　夏晓玲

百变抱枕

适宜年龄：中班

一、发展目标
1. 满足幼儿奔跑和投掷的愿望，发展他们的手眼协调能力。
2. 通过游戏，培养幼儿的想象力、创造力、合作意识。
3. 幼儿在体验不同游戏的乐趣、锻炼思维的同时了解更多安全标志，懂得安全的重要性。
4. 活动结束后能将抱枕叠好收拢，培养幼儿的动手能力和责任感。

二、制作材料
防雨绸布、棉花、拉链、子母扣、剪刀、暗扣、松紧带。

三、制作方法
抱枕是家居生活中的常见用品，打开是被子，收起来似枕头，一收一放方便又实用。结合抱枕收放方便、实用的特性，根据中班幼儿喜欢新颖、多变、挑战性的年龄特点，紧扣《幼儿园教育指导纲要》（以下简称《纲要》）"学习活动化、活动游戏化、游戏趣味化"的目标，设计了百变抱枕这一玩教具。该玩教具是集运动、社会、益智于一体的综合类玩教具，能够满足中班幼儿的不同游戏需求。精心设计的百变抱枕玩教具非常有创意，且安全卫生、操作简便、寓教于乐、

美观实用、富有特色。

百变抱枕大小约 0.5 m，由防雨绸布缝制而成，内放少许棉花使抱枕更加轻便舒适。幼儿可以抱着玩儿、坐着玩儿、躺着玩儿、抛扔玩儿。抱枕颜色鲜艳、造型各异，能够激发幼儿探索的欲望。

四、建议玩法

1. 创意拼图

4—5 岁是幼儿认识形状的重要时期，能对自己认识的图形进行初步的分、合、拆、拼的转换。幼儿可以选择自己喜欢的颜色和形状，主动找小伙伴进行拼搭。

2. 粘粘乐

将子母扣使用暗扣钉在抱枕的一面，另一面剪裁、缝制成若干小球。然后将松紧带系在抱枕上的小暗扣上。几名幼儿一组，其中一名幼儿背上抱枕奔跑，其他幼儿则手拿小球边追赶边将小球抛在前面奔跑幼儿后背上的抱枕上。

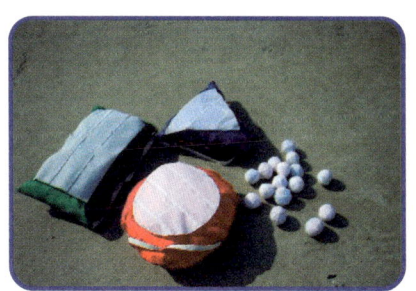

3. 藏龙卧虎——抱枕变变变

将小抱枕拉链拉开，各种形状的抱枕里面对应着相同形状的布垫，在布垫上根据幼儿的年龄特点和难易程度分别设计走迷宫、安全标志飞行棋、十字长毯（跳房子和特殊号码连线）、打地鼠等游戏环节。将抱枕打开后，幼儿可以根据自己的喜好自由选择游戏。

五、实践案例

活动：趣味舞龙

活动目标：

1.积极探索"百变抱枕"的多种玩法，愿意与同伴共同探究，能用适当的方法表达各自的发现，互相交流、共同合作，感受不同的游戏带来的快乐和成就。

2.幼儿通过亲身体验、自由合作学习，充分发挥想象，培养动手动脑、合作能力。

3.在与同伴进行舞龙的过程中，练习双臂协调摆动，提升协调力和平衡力，培养同伴团结合作能力。

活动准备：

抱枕、PVC管若干，自制龙头一个。

活动过程：

（一）言语导入，复习与探索

教师引领幼儿复习抱枕的玩法（创意拼图、粘粘乐、抱枕变变变）；引出思考：这个抱枕还可以怎样玩（引导幼儿积极思考与探索）。

（二）加入PVC管，幼儿自由探索抱枕的玩法

1.教师：PVC管和抱枕能不能做好朋友，要怎么玩呢？

2.幼儿自主探讨玩法，注意引导幼儿进行PVC管和抱枕的拼接与使用。

小结：重视抱枕和PVC管的拼搭，同伴之间利用PVC管和抱枕进行合作抬、夹、举、跳等。

（三）让抱枕与PVC管"合作"，提供自制龙头，幼儿合作舞龙

1.鼓励幼儿实践想到的玩法，教师侧重于引导探索与肯定。

2.展示舞龙图片，启发引导幼儿思考。

3.合作探讨：我们怎样用抱枕和PVC管制作龙身？

4.教师讲解舞龙的动作要点：左右摆臂、上下抖动、后面的人紧跟着龙头做动作（幼儿尝试练习）。

5.幼儿将PVC管插在龙头和抱枕上，举起排好队，在龙头小朋友的带动下，举着抱枕上下前后左右依次舞动，享受舞龙的快乐。

山东省威海市环翠区张村镇中心幼儿园　刘桂汝 李连斐

缤纷瓶盖乐

适宜年龄：小班、中班、大班

一、发展目标

1. 培养幼儿的观察能力和对空间的感知能力。

2. 培养幼儿的独立思考能力和逻辑思维能力，以及自控能力和规则意识。

3. 激发幼儿对科学探究的兴趣，引导幼儿在科学探究中使用观察、操作、对比、记录等探究方法，培养幼儿的科学探究精神和能力。

4. 通过"交通游戏"引导幼儿认识生活中常见的交通标志，并能遵守交通规则。

5. 让幼儿在动手操作中提高数学能力，增进对数学活动的兴趣。

二、制作材料

盒子、各种颜色和大小的瓶盖、胶水瓶、不同的小动物形象、飞机图片、色子、飞行棋底板、铝条、交通场景图和玩具汽车若干、1-10的数字和点、毛刺贴、"＋－＜＞＝"符号。

三、制作方法

1. 拼图类

收集胶水瓶和瓶盖，清洗干净后，把胶水瓶固定在盒子中，瓶盖放置在另外一个盒子里，幼儿自由进行拼图。

2.棋类

（1）翻翻乐

准备相同的饮料瓶盖若干，在瓶盖的表面贴上不同的小动物图案（老虎、狮子、大象、兔子等），放置于画有格子的棋盘上。

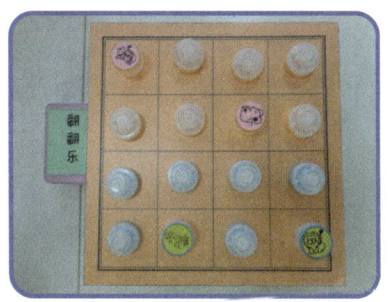

（2）飞行棋

红、黄、蓝、绿四种颜色的瓶盖若干，在瓶盖上贴上对应颜色的飞机图片，再准备一张飞行棋底板和色子一个。

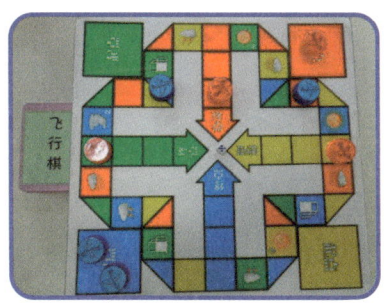

3. 探索类

准备各种大小和宽度的瓶盖，也可以把两个相同的瓶盖连接在一起使宽度增加，然后利用铝条制作长短不一、光滑度不一的轨道，固定在木盒子里，供幼儿探索。

4. 认知类

在盒子里放置交通场景图和玩具汽车若干，在瓶盖上贴上常见的交通标志。

5. 数学类

（1）排序

各种颜色、大小、高矮的瓶盖若干，要求幼儿在相同规格的瓶盖上贴上1-10的数字和点。

（2）数的加减

在瓶盖上贴上数字、点和"＋－＜＞＝"等符号。

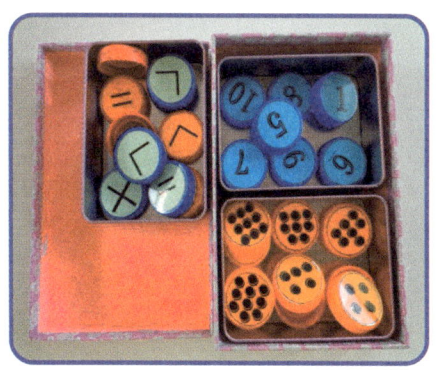

四、建议玩法

1. 拼图类

根据胶水瓶盖进行想象拼图，幼儿可以自由发挥拼出想象的形状。

2. 棋类

（1）翻翻乐

两人同玩，轮流翻棋，按一定顺序，按照以大吃小的原则，比比谁胜出。

（2）飞行棋

可四人同玩，通过掷色子确定前进格数，最先到终点者为胜。

3.探索类

探索瓶盖在平面和斜坡上的下滑速度；探索瓶盖在光面和毛面上的下滑速度；探索瓶盖在上下移动的轨道上的下滑速度。幼儿可以自由探索，如大瓶盖和小瓶盖在同一轨道上的下滑速度有无不同等。

4.认知类

在瓶盖上粘贴交通标志，供幼儿认知，还可以在模拟的交通场景中玩开车游戏。

5.数学类

（1）排序

按瓶盖本身的大小、高矮进行排序，或按点数多少、数字大小进行排序。

（2）数的加减

利用"＋－＜＞＝"等符号进行加减运算。

五、实践案例

活动：滚动的快慢

活动目标：

1.通过实验比较不同形状、不同材料的瓶盖滚动的快慢程度。

2.积极制作实验材料，提高幼儿的动手操作能力。

3.培养幼儿尊重事实的科学态度，并懂得用事实说话。

活动准备：

不同大小的塑料瓶盖、啤酒瓶盖，长25cm、宽8cm的卡纸，透明胶，三个斜坡以及小组实验记录表。

活动过程：

（一）滚动实验

1.设置情景

给每个小组提供大塑料瓶盖、小塑料瓶盖和啤酒瓶盖各一个以及斜坡三个，让幼儿自由游戏。

2.提出假设

（1）教师：小朋友，如果我们让这三个不同的瓶盖同时从斜坡上滚下来，猜猜看谁滚动得最快？

（2）幼儿进行猜想并记录。

（3）教师请个别幼儿说说自己的猜想。

材料	大塑料瓶盖	小塑料瓶盖	啤酒瓶盖
猜想			
实验结果			

（二）幼儿动手进行实验并记录实验结果

1.表达交流：请每个小组展示记录表，介绍实验过程及结果。

2.师生共同小结：哪种瓶盖滚动得最快，为什么？

活动延伸：

生活中还有哪些东西会滚动呢？相同的物体在不同的坡度上滚动时的速度快慢如何？

江苏省常州市红溪实验幼儿园　王雪娥

神奇智慧树

适宜年龄：小班

一、发展目标

1. 发展幼儿的观察能力、倾听能力和语言表达能力；培养阅读兴趣，发展阅读能力。

2. 发展幼儿根据物品的大小、颜色、形状等进行分类的能力；发展幼儿的识别、复制、扩展、创造能力。

3. 发展幼儿计数的能力与感知理解数量的能力；发展幼儿按数取物、观察匹配、一一对应的能力。

4. 培养幼儿的涂鸦兴趣，发展幼儿的艺术表现与创造能力。

5. 发展幼儿小肌肉的力量和协调能力。

二、制作材料

KT板、软白板、即时贴、挂钩、麻绳、夹子、A4纸、封塑膜等。

三、制作方法

"神奇智慧树"是一种集场景、磁性黑板、书架三种功能于一身的教具。

1. 用废旧的KT板，贴上一层咖啡色的即时贴，围成一个三棱柱做树干，再用KT板做成树冠，与树干组合成大树。

2.在树冠上粘上小挂钩,用来挂果子。

3.为了充分发挥树干的作用,将树干的其他侧面贴上软白板,一面作涂鸦区,一面作操作区(进行拼图、计数、分类、排序等)。

4. 制作各种供幼儿操作的材料包。

四、建议玩法

1. 智慧树下学故事：如学习绘本故事《请你一起跳》，发展幼儿的观察能力、倾听能力和语言表达能力。

2. 智慧树下看小书：培养幼儿的阅读兴趣，发展阅读能力。

3. 玩集合与分类的游戏：将四种水果（苹果、梨子、桃子、橘子）摘下分至四个水果盘；将同类水果按大小分类；将图形按颜色、形状分类。发展幼儿的观察能力和思维能力。

4. 玩排序游戏：将水果或图形按 ABAB、ABBABB、ABCABC 等不同排列顺序进行排列，发展幼儿的识别、复制、扩展、创造能力。

5. 玩按数摘果子的游戏：根据数字摘相应数量的果子放进盘子里，发展幼儿按数取物的能力。

6. 玩比多少的游戏：小猴摘水果，点数、说出总数，找出相应的数字；与一起游戏的小伙伴比较各自摘了多少水果，发展幼儿计数的能力和感知理解数量的能力。

7. 玩一一对应的游戏：给小动物宝宝和妈妈送相应的水果，发展幼儿一一对应的能力。

8. 玩拼图游戏，发展幼儿点数与观察的能力；或玩创意拼图，用各种颜色大小不一的图形自由拼图，发展幼儿的思维、想象、创造能力。

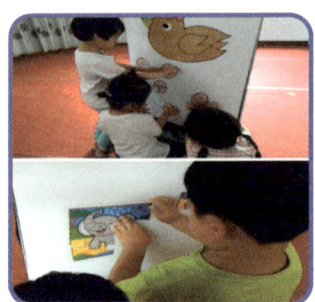 

9. 玩接龙游戏：将相同的水果图案头尾相接，培养幼儿的观察与匹配能力。

10. 自由涂鸦：用白板笔在白板上自由涂鸦，培养幼儿的涂鸦兴趣，发展幼儿的艺术表现与创造能力。

五、实践案例

活动：请你一起跳

活动目标：
1. 观察故事画面，理解故事内容，简单复述故事内容。
2. 愿意使用礼貌用语邀请朋友，体验和朋友一起游戏的快乐。

活动准备：

1. 制作好的"智慧树"、大书、小书。

2. 故事录音，音乐《小兔跳》。

活动过程：

（一）"故事树"下讲故事

1. 边看大书边讲故事：教师与幼儿一起阅读大书，引导幼儿观察画面中的细节。

教师：瞧！这里有一棵神奇的树，里面藏着一个很好玩的故事。我们一起来看一看吧！

2. 幼儿邀请好朋友一起跳：幼儿邀请好朋友一起随音乐自由跳。

教师：你想请谁来一起跳呢？

3. 继续观察：书中说围着大树跳，小脚跳，大脚跳。请问小朋友们，小脚是谁的脚？大脚是谁的脚？

4. 与幼儿一起回忆故事内容，用小图标梳理故事，完整讲述故事内容。

（二）"故事树"下玩游戏

教师：小朋友们有小脚，谁有大脚呢？你愿意请老师和你一起跳吗？

教师与幼儿一起随音乐自由跳。

（三）"故事树"下摘果子

教师：秋天到了，神奇的大树发生了什么变化呢？

教师：我们一起去摘果子找秘密吧！

活动延伸：

创编故事：小朋友们，你们还想邀请谁一起自由跳呢？另外，我们除了和好朋友一起跳，还可以跟好朋友怎么玩呢？

江苏省如皋市白蒲镇白蒲幼儿园　张小平

三只蝴蝶

适宜年龄：大班

一、发展目标

1. 锻炼幼儿小肌肉动作。
2. 发展幼儿想象力、语言表达力。
3. 在动手制作中，增强幼儿耐心、自信，感受活动的快乐。

二、制作材料

不同颜色的彩色硬卡纸、A4纸、剪刀、胶棒、软卡纸。

三、制作方法

1. A4纸均分成六等份，折成风琴状。

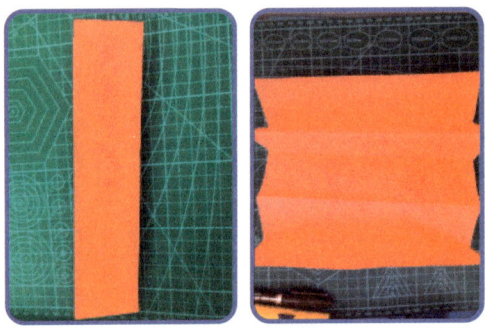

2.在折边处画出蝴蝶轮廓。

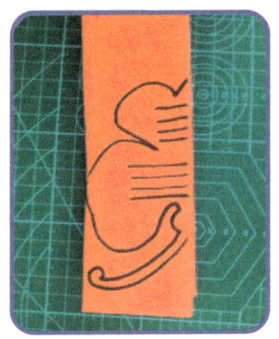

3.剪刀沿轮廓线剪出蝴蝶的外形,需要注意蝴蝶腹部的条纹,将蝴蝶条纹间接抻开。

4.将三只蝴蝶并列粘在一起,粘到32开的软卡纸中间,翅膀挨着翅膀粘在一起。

5.用同样的方法折剪出立体的螃蟹、青蛙等小动物,或者是菠萝、苹果之类的水果。

 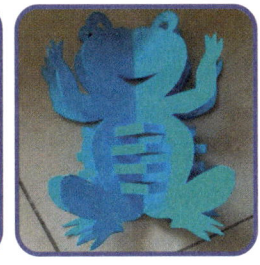 

四、建议玩法

1. 可投放到语言区，手持"蝴蝶"，进行《三只蝴蝶》故事的表演。

2. 可进行"我讲你猜"游戏，教师说出所猜物的特征，幼儿通过猜想从道具里找出相应的剪纸。

五、实践案例

活动：三只蝴蝶

设计思路：

大班幼儿有了一定的互享互助意识，但依然会有部分幼儿不会交往，活动中不顾及他人感受，以自我意识为中心。《3-6岁儿童学习与发展指南》（以下简称《指南》）中，大班幼儿的社会领域发展目标中提到："能有礼貌地与人交往，能关注别人的情绪和需要，并能给予力所能及的帮助。"教师应践行《指南》理念，结合幼儿的近期发展水平，创设适宜的特色活动，既能满足幼儿的学习兴趣，又能促进幼儿在活动中的发展。

活动目标：

1. 表演中理解故事大意，知道被别人帮助是一件快乐的事情。
2. 在活动中增强交往、互助、合作意识。

活动准备：

1. 蓝花、粉花、黄花图片，《三只蝴蝶》故事课件及轻音乐。
2. 制作好的蓝蝴蝶、粉蝴蝶、黄蝴蝶。

 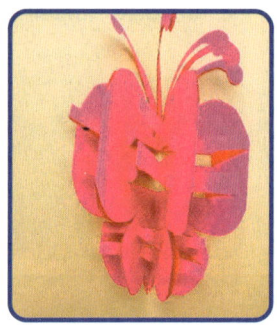 

活动过程：

（一）情境引入

1.播放轻音乐

教师：一只红蝴蝶翩翩飞来，礼貌地和小朋友打招呼："大家好，我是你们的新朋友——红蝴蝶小仙子。今天我要邀请大家和我一起进行一个有趣的表演，你们是不是很感兴趣？不过这个表演是由我与好朋友和你们一起表演的，想要把它们请出来，要经过它们的三关挑战。加油！"

2.活动预热：三关挑战

播放故事课件《三只蝴蝶》，出示第一关挑战问题：刚才我们欣赏了有趣的故事，那么第一关问题来了，这个故事的名字叫什么？

幼儿挑战第一关成功后，出示第二关问题：这个故事里，你最不喜欢谁？说出不喜欢它的理由。

第三关问题：请帮助你不喜欢的这只蝴蝶想个办法，让大家喜欢它。记住，办法一定要与众不同哦。

教师：小朋友们非常棒，都通过了蝴蝶仙子的三关挑战，现在我们可以接受蝴蝶仙子的邀请，和她的朋友们进行有趣的表演啦。

在幼儿期待的眼神中，教师出示制作好的蓝蝴蝶、粉蝴蝶和黄蝴蝶，让幼儿分别扮演三只蝴蝶，具体扮演哪一只由幼儿自选。

（二）基本活动，表演《三只蝴蝶》的故事

1.教师引导幼儿回忆故事《三只蝴蝶》

教师：蓝蝴蝶遇到了哪种颜色的花？蓝颜色的花怎么说的？请你

模仿它们的对话。

2.熟悉表演情境后,幼儿选择表演角色,在轻音乐的伴随下进行表演。

3.创新表演情境,表演角色不变,幼儿改编表演情节。

教师:在我们的帮助下,黄色小花会发生怎样的改变?黄蝴蝶最后喜欢上黄色小花了吗?它会怎么做?三只蝴蝶在雨中得到了花儿们的帮助,它们会怎样做?请小朋友结合自己的想象,改编、表演故事情节吧,比比看谁最有新意。

4.幼儿自由创编、表演,教师进行评价。

活动效果:

活动因运用了多媒体欣赏故事,并综合有幼儿参与制作的蝴蝶,使情节更加真实,幼儿兴趣更浓。活动以游戏为主,寓教于乐,在闯关的情景中增强了幼儿的自信和勇气。另外,活动充分关注了幼儿的主体地位,无论是游戏挑战,还是角色表演以及情节改编都充分体现出了以幼儿为主的教育理念。

河北省高碑店市第二幼儿园 赵素杰

奇妙的转盘

适宜年龄:小班、中班、大班

一、发展目标
1. 使幼儿认识动物、植物、交通工具。
2. 通过辨识底卡,幼儿能准确找出相应的衣服或服饰。
3. 幼儿自己动手旋转圆盘,寻找匹配的图形。
4. 培养幼儿发现美,感受美的能力,大胆主动交流自己的看法。

二、制作材料
1. 圆形、树叶形、花瓣形透明亚克力板。
2. 人物、植物、动物、交通工具类图片。

三、制作方法
作品由形状不同的透明亚克力板组成,如圆形、树叶形、花瓣形等。

1. 准备圆形、树叶形、花瓣形透明亚克力板:8块圆形亚克力板,直径分别为50 cm、44 cm、38 cm、47 cm、44 cm、41 cm、38 cm、35 cm;6块树叶形亚克力板,长30.48 cm、宽15 cm;1块花瓣形亚克力板,直径为50 cm。

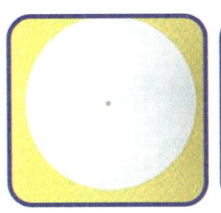  

2.准备人物、植物、动物、交通工具类图片，分解成若干部分，便于粘贴在亚克力板上，用于操作。

3.高、底不同的透明塑料杯、白色塑料盒，用于归置各种图案，便于随后更换游戏内容。

4.根据幼儿的游戏水平，分别制作出二层树叶拼图转盘、三层交通工具转盘、四层水果转盘、五层人物类转盘。

四、建议玩法

1. 通过旋转转盘完成两层的拼图——植物和水果。

2. 通过旋转转盘完成三层的拼图——交通工具。

3. 通过旋转转盘完成四层的拼图——水果简笔画绘画步骤。

4. 通过旋转转盘完成五层拼图——人物的服装搭配。

五、实践案例

活动：好玩的交通工具

活动准备：

1.提供给幼儿分步绘画的交通工具图片。

2.准备大小不同的亚克力透明圆盘和大小一样的树叶盘。

活动过程：

（一）游戏导入

教师：小朋友们，你们今天怎么来幼儿园的？（开车、自行车、摩托车）

教师：你们还坐过什么交通工具呢？现在请你们来当驾驶员，驾驶着这些交通工具在教室里动起来。

小结：幼儿积极讨论自己坐过的交通工具，教师及时鼓励幼儿大胆表达。

（二）奇妙的转盘

教师：今天，老师在这个转盘上为小朋友们准备了一些图片，请你仔细观察，看看能转出几种交通工具呢？

1.教师将有贴画的转盘发给幼儿。

2.鼓励幼儿自己发现、学习。

3.请幼儿讲述自己的发现。

4.幼儿演示操作。

宁夏回族自治区银川市第一幼儿园　王芸

本领大的挖掘机

适宜年龄：中班、大班

一、发展目标

1. 初步感知机械臂的科学原理，使幼儿了解电力、磁力在生活中的应用。

2. 幼儿能够根据投放材料的不同进行分类，熟练操作控制键，用不同设备取出相应的物品。

3. 幼儿愿意积极参与到活动中，对科学试验感兴趣。

二、制作材料

木板1块，立柱4根，小木条3米，双向小电机12个，电动开关12个，塑料螺杆10个，扎带1袋，胶棒10个，不同材质的玩具若干。

三、制作方法

作品是由一张像桌子一样的工作台（80 cm×80 cm），将中间挖成圆（50 cm×50 cm）形槽作为玩具池，上面放置三个机械臂装置，幼儿可以在玩具池里自由选择想要获取的材料。

四、建议玩法

（一）基本玩法

"本领大的挖掘机"主要用于科学探索、数学领域和区域活动。儿童可通过操作台上的电动按钮，控制不同装置在玩具池里取物。

1. 电动机械臂夹取装置

通过控制不同方向的电动按钮，根据要求夹取玩具池中的玩具，取出来后放到相应的分类盒里。

2. 电动机械臂挖掘机

根据要求，通过控制电动按钮挖出玩具池中的材料，取出后控制相应按钮放到相应的分类盒中。

3. 电动磁力小吊车

通过控制电动按钮，根据要求吊取玩具池中的相应材料放到分类盒中。

（二）配合教学活动操作

设计有关环保科学类活动，根据需要把相应的操作材料投入到玩具池中，比一比、看一看谁能够根据要求取出相应的物品。比如，根据大班幼儿年龄特点，设计一节环保活动课。教师在玩具池中投入塑料、铁钉、废报纸、小电池等材料，让幼儿选择不同的装置取出相应的物品，并进行分类，看谁取得又快又准。

五、实践案例

活动：谁的本领大

活动目标：

1. 能积极主动参与到活动中，对各种装置产生兴趣。
2. 能初步感知机械臂装置的科学原理，感知电能、磁能之间的转换关系。

3.通过科学实验激发幼儿对科学的探索兴趣。

活动准备：

自制电动磁铁小吊车、电动挖掘机、电动机械臂夹取等装置；塑料小球、积木、毛绒小球、大头针、曲别针、螺丝钉、图钉等材料。

活动过程：

（一）导入部分

分组出示小吊车、挖掘机、机械臂夹取等装置，引起幼儿参与活动的兴趣。

教师：今天老师给大家带来了几件宝贝，请小朋友猜一猜，它们分别有什么本领？

（二）活动部分

1.教师出示电动磁性小吊车，引导幼儿大胆猜想，积极发言。

教师：我们玩具池中有塑料小球、积木、毛绒小球、大头针、曲别针、螺丝钉、图钉，电动磁性小吊车能把那些东西吊出来吗？（请幼儿仔细观察，说出自己的想法。）

2.幼儿自主探索，大胆实践。通过电动开关控制小吊车。

教师：你们认为小吊车能把哪些东西吊出来？

幼儿：大头针、曲别针、图钉、螺丝钉。

教师：为什么呢？

幼儿：因为这些都是铁的，小吊车的头部是一块电磁铁，可以吸住铁制品。

3.出示电动挖掘机,引起幼儿兴趣。幼儿自己操作,自主探索。

教师:看,这个挖掘机有什么本领呢?

幼儿:挖掘机可以挖土、挖沙子、挖里面的豆子和玉米。

教师:真聪明,那你们自己试一试吧。

4.出示电动机械臂夹取装置,让幼儿仔细观察,在不断探索中验证自己的猜想。

教师:大家看一看这件宝贝有什么本领呢?

活动延伸:

在玩具池中投入各种材料,让幼儿操作不同的装置进行材料分类。

宁夏回族自治区银川市第一幼儿园　杨文龙

可爱的小兔

适宜年龄：小班、中班

一、发展目标
1. 培养幼儿从高到矮或从矮到高的排序能力。
2. 发展幼儿数、物对应的能力。

二、制作材料
废旧洗洁精瓶子、红色和黑色的即时贴、1-10的数字。

三、制作方法
1. 清洗干净每个洗洁精瓶子。
2. 用尺子按比例量出每个瓶子要剪出的高度，即每个瓶子之间相隔1.5 cm的高度，并用笔做出标记。

3.用笔画出小兔耳朵的形状。

4.用剪刀剪出小兔耳朵的形状。

5.用即时贴剪出眼睛、鼻子、嘴巴和胡子,贴在瓶子上,小兔子就做好了。

6.把1-10的数字卡片按小兔的高度粘贴上。

四、建议玩法

1.引导幼儿按小兔从高到矮或从矮到高来排序。

2.引导幼儿按小兔身上的数字往里放相应的物体,如可以用筷子夹桃核,也可以往里种萝卜或插小棒子等。

五、实践案例

活动:可爱的小兔

活动目标:

1.引导幼儿按小兔从高到矮或从矮到高的顺序来排序。

2.培养幼儿进行数、物对应的能力。

活动准备：

1-10的小兔教具、桃核若干、筷子一双。

活动过程：

1.谈话交流

①小朋友看，今天老师给小朋友带来了什么？

②数数看一共有几只小兔子？

③它们是一样高吗？

④那请小朋友上来给小兔们排排队吧。

2.排队游戏

引导幼儿给小兔子从矮到高排队或从高到矮排队。

3.数、物对应练习

①小朋友看，小兔身上都有什么数字？

②请小朋友按小兔身上的数字给它们夹进相应数量的桃核。

③幼儿操作，教师指导。

山东省莱阳市实验幼儿园　刘春华

海洋玩水组

适宜年龄：小班、中班、大班

一、发展目标

1. 打开水龙头，幼儿尝试使用不同容器和工具盛水。
2. 让幼儿观察水的流动、杠杆原理瓶的动态及水车的转动。
3. 自由探究并发现水的物理特性，体验玩水的乐趣并发现其中的奥秘，从而发展幼儿初步探究和解决问题的能力。

二、制作材料

洗净的矿泉水瓶、易拉罐、醋桶、洗头膏瓶、大桶饮料瓶、粗细程度不同的水管、剪刀、彩色胶带、铁丝、架子、泡沫、玩具垫子、泡沫小鱼、水龙头、海洋球、盆子。

三、制作方法

该作品的基本结构分为三部分。

第一部分（基础）：导流管将水龙头里的水引入到第一个储水瓶，幼儿自由选择不同的容器盛水倒入第一个储水瓶。

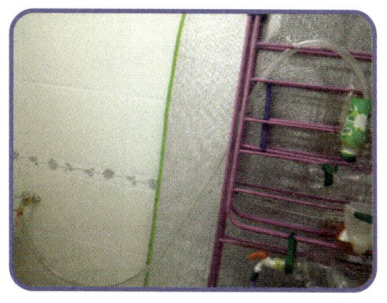

第二部分（重点）：根据杠杆原理制作成的储水瓶随着水量的增多，右侧瓶口迅速落下，小鱼随水流经过漏斗流入大储水瓶里，救出小鱼。

第三部分（创新）：水经过漏斗进入大储水瓶，当大储水瓶内水足量时打开开关，水流通过导流管流到下面的海洋水车上，使水车转起来。其一，漏斗里的水在重力作用下流入大储水瓶里；其二，使大储水瓶流入足量的水，当打开开关时，水对水车产生冲击力，让水车转起来，通过开关控制水流快慢，从而改变水车的旋转速度。

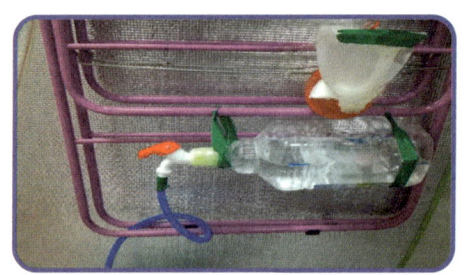

通过"水的滑梯""救出小鱼""水车转起来"三个游戏激发幼儿探究的兴趣，让幼儿充分体验玩水的乐趣并发现水车转起来的奥秘。

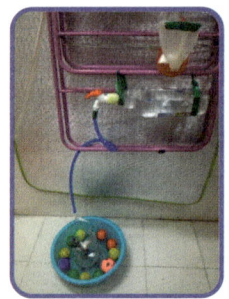 

四、建议玩法

游戏一：水的滑梯

1. 小班幼儿自由选择容器盛水注入水瓶或打开水龙头，体验玩水的快乐。

2.中班、大班幼儿观察水在弯水管、直水管、杠杆原理储水瓶、漏斗中往下流的轨迹。

游戏二：救出小鱼

1.幼儿选择容器盛水倒入杠杆原理瓶中或打开连接导流管的水龙头，随着杠杆原理瓶里水量的增多，右边迅速落下，使水经漏斗进入到大储水瓶里。

2.在杠杆原理瓶装入小鱼，用和第一条相同的方法注水，随着水量的增多，瓶子右侧落下，小鱼随着水流游出，经过漏斗流向大储水瓶，小鱼得救。

3.中班、大班幼儿可以两人比赛，看谁救出小鱼用时最短。

游戏三：水车转起来

1.打开水龙头，水通过导流管、储水瓶、杠杆原理瓶、漏斗进入大储水瓶。

2.打开连接大储水瓶的开关，控制出水量。

3.观察水车的转动情况。

五、实践案例

活动：玩水

好玩的区域活动时间到了，果果、扬扬、沐沐和屹屹四名小朋友开始玩起来。果果、扬扬尝试用不同容器将水直接倒入第一个储水瓶；而沐沐和屹屹则打开水龙头通过导流管使水流入第一个储水瓶，只是他们需要注意控制好水龙头，控制好水流动的速度。活动过程中，幼儿们体验了玩水的乐趣与其中的奥秘，发展了自身的探究、尝试和观察能力。

山东省淄博市淄博师范高等专科学校附属幼儿园　韦国芳

步步为"棋"

一、发展目标

1. 引导幼儿掌握简单的科学排序、相同的归类摆放等技能。
2. 发展幼儿的思维能力,培养幼儿的耐心,以及与同伴游戏的兴趣。

二、制作材料

海绵垫若干、卡片若干、粗马克笔、剪刀、水彩笔。

三、制作方法

利用家庭生活中的废旧材料——海绵垫制作玩教具:海绵垫柔软、轻巧,便于幼儿操作。一般情况下,幼儿在游戏过程中不会因操作由海绵垫制作的玩教具导致身体上的伤害。

1. 收集海绵垫,裁剪成自己想要的大小。

2.用粗马克笔画上田字格。

3.在卡片上画上简笔画,并涂上颜色,要求成对制作。

四、建议玩法

1.将彩色简笔画卡片随机摆放在田字格上。

2.通过找规律，将两张相同的卡片碰在一起，在相碰的过程中，不能有其他卡片阻碍，直到所有卡片碰完结束游戏。

五、实践案例

活动：步步为"棋"

在益智区投放了带有田字格的海绵垫，结合数学领域技能，进一步优化游戏，创设了区域活动：步步为"棋"。

首先让幼儿自由观察操作材料，鼓励幼儿大声说出材料的名称，知道步步为"棋"是由生活中的废旧物品制作而成的。接下来教师与幼儿一起参与游戏，随时对幼儿进行指导。

游戏开始后，浩浩先将两个一样的卡片碰完，用时3分钟；晨晨用的时间比较长一点，有点不开心，不愿意玩了。

浩浩对晨晨说："你没有好好玩，所以才慢的。"

晨晨觉得很委屈，不想理人。

浩浩说："我们再玩一次吧，这一次我们比赛。"

晨晨说："我不太会玩。"

"那我教你吧。"浩浩说。

他们两个商量好后，浩浩开始教晨晨怎么玩，等晨晨玩熟练后，他们开始比赛，有输有赢，益智区里不时传出他们欢乐的笑声。

安徽省合肥市长丰县直属机关幼儿园锦湖分园　巩露

好玩的窗帘

适宜年龄：大班

一、发展目标

1. 引导幼儿探索玩具的多种玩法，尝试一物多玩。

2. 锻炼幼儿的纵跳触物能力、瞄准投掷能力以及躲闪能力，增强幼儿体质。

3. 培养幼儿的合作精神，激发幼儿共同玩游戏的乐趣。

二、制作材料

在日常生活中收集的长旧窗帘布、铁钉、泡沫棒、空气锤等。

三、制作方法

1. 打地鼠

（1）将日常生活中收集的长2 m的方木做成床体样支架。

（2）在窗帘布上抠出直径为20 cm的圆形若干。

（3）将抠好洞的窗帘布固定在床体上。

2. 投球

在窗帘布上均匀抠出直径为20 cm的圆形若干，然后将抠好洞的窗帘布挂好。

四、建议玩法

1.打地鼠

（1）快乐打地鼠

幼儿分两队，一队躲在窗帘布下面作为地鼠，找机会从洞里露出头去。另一队拿着空气锤或泡沫棒打地鼠。地鼠们快速躲闪，打不到继续当地鼠，打到了互换角色。

（2）抢环打地鼠

幼儿分两队，一队躲在窗帘布下面作为地鼠，找机会从洞里露出头去，跳起来触动上面彩环。另一队拿着空气锤或泡沫棒打地鼠，触到彩环打不到的继续当地鼠，打到了互换角色。

2.投球

（1）高空投球

幼儿站在汽油桶上投球，比一比看谁投得准。

（2）平地投球

幼儿站在同一起点线投球，比一比看谁投得准。

五、实践案例

活动:窗帘真好玩

活动目标:

1. 体验一物多玩的乐趣,懂得合理利用废旧物品。
2. 培养幼儿的合作精神,激发幼儿共同玩游戏的乐趣。

活动准备:

1. 利用旧窗帘布置打地鼠与投球的场景。
2. 泡沫棒、空气锤等。

活动过程:

(一)在音乐的伴奏下,幼儿做准备活动

幼儿随《健康歌》做律动。

(二)初步探索窗帘布的玩法

幼儿自由玩抠好圆形孔洞的窗帘布,教师观察指导。

1. 让个别幼儿示范自己的玩法。
2. 其余幼儿跟学。

(三)体验新的玩法,复习巩固

教师:小朋友,你们共探讨了几种玩法呢?咱们看一看吧。

一人玩:站在平地投球。

两人玩:高空投球(一人投球,一人捡球)。

多人玩:打地鼠等。

(四)深入探索窗帘的不同玩法,并尝试合作玩窗帘

1. 抢环打地鼠游戏:充当地鼠的幼儿找机会从洞里露出头去,跳

起来触动上面的彩环,触到彩环打不到的继续当地鼠。

2.分组进行投球游戏:6人一组进行比赛,哪组幼儿高空投球多,哪组获胜。

3.教师讲评。

(五)放松活动

1.幼儿随音乐做放松活动。

2.收拾玩具,送玩具回家。

山东省淄博市沂源县悦庄镇龙山幼儿园　王伟

可控风水车

一、发展目标

1. 引导幼儿探索风车的工作原理。
2. 幼儿通过观察和动手操作感知水的冲力。
3. 幼儿通过学习知道水的冲力大小与水轮转动的快慢有关系。
4. 幼儿通过学习了解水车的一些用途。
5. 在操作中掌握科学知识，激发幼儿探索科学奥秘的兴趣。

二、制作材料

大、小饮料桶各1个，6把小塑料勺，1根圆形筷子，1个瓶盖，502胶水1瓶，手工刀，蜡烛，塑料管等。

三、制作方法

1. 在蜡烛或煤气灶上把手工刀烤热，然后用热手工刀在瓶盖上等

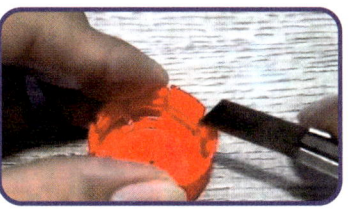

距离划开6个口子。

2.用小刀把小勺的尾部各减去约3 cm。

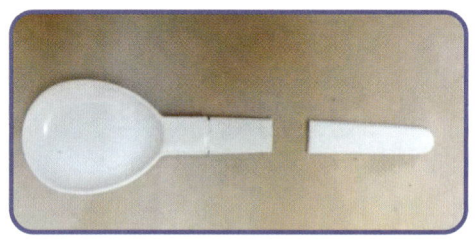

3.在瓶盖正中间扎个圆孔，中间插1根约0.6 cm口径的塑料管。然后把6把勺子对应插入划开口子的瓶盖处，勺子尾部对准瓶盖中间的塑料管，用502胶水固定勺子尾部，制作出风车的形状。

 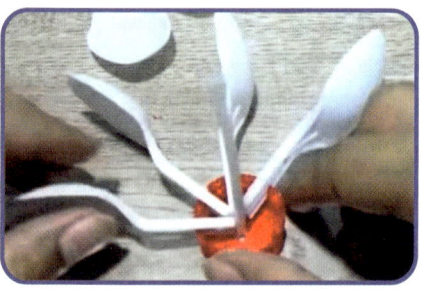

4.将筷子穿过大塑料桶的桶壁的两个孔后，再插入风车中间的塑料管，筷子头部用皮筋固定（防止风车脱落），完成风水车的制作。

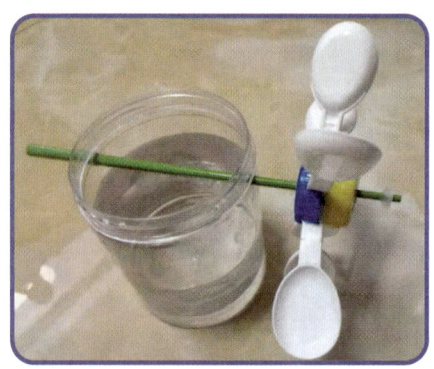

5.在饮料瓶底部扎1个口径接近1 cm的大孔，用来操纵风水车。

四、建议玩法

1. 饮料瓶内不装水时嘴对准消毒后的瓶口吹气,气流从饮料瓶底部的大孔喷出,使叶轮转动。改变气流的大小可控制叶轮转动的速度,让幼儿探索风车的工作原理。

2. 在大塑料桶内加入半桶水,并盖上瓶盖,用手指堵住饮料瓶底部的大孔,灌满水后拧紧瓶盖。将大塑料桶放置在一个盘子内,将灌满水的饮料瓶底部正对小风车的小勺部位。慢慢拧松饮料瓶的瓶盖,水从饮料瓶底部的大孔流出使小风车的小勺开始转动,让幼儿体验玩水的乐趣。

五、实践案例

活动：水的冲力

活动目标：
1. 使幼儿初步了解叶轮转动速度的快慢与水的冲力的大小有关系。
2. 使幼儿了解水车的用途。

活动准备：
水车教具、水轮、自制支架、饮料瓶、两盘沙。

活动过程：

（一）引导幼儿感知水的冲力

把水一滴一滴滴在一盘沙子上，再把水一股一股倒在另一盘沙子上，让幼儿观察两盘沙子被水冲开的面积。

教师：两盘沙子被水冲开的面积大小有什么不同？为什么？

（二）动手操作水车教具

1. 堵住饮料瓶的小孔，灌满水后拧紧盖，然后通过慢慢拧松瓶盖让水从小孔流出使叶轮转动；拧紧瓶盖后叶轮转动速度变慢。

2. 幼儿讨论观察到的现象。

小结：水流越大，水的冲力就越大，叶轮转动越快；水流越小，水的冲力就越小，叶轮转动越慢。

（三）让幼儿了解水的冲力对人们有益处

1. 古时候人们利用水的冲力转动叶轮，叶轮可以带动大磨盘磨面。
2. 长江截流是为了让水流更大，使冲力更大，从而发电更多。

山西省忻州市实验幼儿园　张黎芳

多功能汉堡棋盒

适宜年龄：小班、中班、大班

一、发展目标

1. 鼓励幼儿能够和同伴合作进行棋类游戏。
2. 提高幼儿的手眼协调能力及动手能力。
3. 幼儿在制作过程中感受利用废旧物品进行制作的乐趣。

二、制作材料

16寸蛋糕盒3个；餐巾纸、废旧报纸若干；不同颜色的丙烯颜料、彩泥、卡纸、皱纹纸、海绵纸、瓦楞纸若干；废旧泡沫板、乳胶、刷子、双面胶、矿泉水瓶盖、棋子若干。

三、制作方法

玩具整体造型如幼儿们喜欢的汉堡，内分三层，每层都能独立进行操作，分置适合大、中、小班各年龄段幼儿的棋类，能锻炼幼儿手部小肌肉力量，发展幼儿逻辑思维能力。

第一层：跳棋的制作方法

1. 在蛋糕盒内用硬纸板进行同等区域的划分，红色、绿色、黄色的棋子各16个。
2. 在红色、黄色、绿色的卡纸上裁出扇形，然后把扇形的开口处用双面胶进行粘贴，并用相同颜色的彩泥揉成大小适中的球形后固定在顶部。

3.在蛋糕盒的周围用简单的线条进行装饰。

第二层：叉圈棋的制作方法

1.用绿色的瓦楞纸卷成纸棒，在蛋糕盒内进行"九宫格"的区域划分。

2.用废旧报纸卷成圆环状、十字形，用胶带进行固定。餐巾纸在图形的外面进行包裹后，用稀释后的乳胶进行粘合。

3.等乳胶刷过的图形干透后，在外面用粉色、红色的丙烯颜料进行着色。

4.在蛋糕盒的周围用简单的线条进行装饰。

第三层：分类棋的制作方法

1.在蛋糕盒内用硬纸板进行四个同等区域的划分，分别用来放置动物、植物、水果、交通工具四个不同类别的图片。

2.绘制动物、植物、水果、交通工具四个不同类别的图片各15个，并把图片粘贴在矿泉水瓶盖上。

3.每个类别分别做一面有标志的小旗子插在每个类别的旁边，上面粘贴各个类别的图案作为区分，方便幼儿识别标记进行分类。

4.在蛋糕盒的周围用简单的线条进行装饰。

第四层：汉堡的制作方法

1.把一层、二层、三层的蛋糕盒叠在一起，然后制作汉堡的顶部。

2.汉堡的顶部用泡沫板削成半圆形，用赭石色丙烯颜料着色。等颜料干透后，用黑色、白色的彩泥揉成芝麻的形状粘贴在上面。底部用绿色的皱纹纸做成蔬菜的形状粘贴在下面。

3.在每层蛋糕盒的外面都涂上赭石色的丙烯颜料，第二层蛋糕盒的底部用海绵纸剪成长方形与半圆形后粘贴作为肉馅，上面用白色的丙烯颜料随意绘成流动的图形作为奶油。

4.四层蛋糕盒组合在一起是维妙维肖的汉堡图形，外形深得幼儿喜爱。

四、建议玩法

第一层：跳棋，适合大班幼儿进行游戏。

第二层：叉圈棋，玩法与五子棋玩法相似。三个同样的图形连成一排为胜，适合中班幼儿进行游戏。

第三层：分类棋，按照同一类的棋子进行分类，适合小班幼儿进行操作。

五、实践案例

活动：分一分

活动目标：

1.幼儿能够根据图片内容进行正确分类。

2.提高幼儿观察能力、分类能力和动手操作能力。

3.使幼儿感受游戏活动的快乐。

活动准备：

多功能汉堡棋盒第三层——分类棋，分类棋盒中的棋子图片。

活动过程：

1.手指游戏导入，激发幼儿兴趣。

教师带幼儿一起进行手指游戏"手指变变变"。

一根手指头呀，变呀变呀，变成毛毛虫呀；

两根手指头呀，变呀变呀，变成小白兔呀；

三根手指头呀，变呀变呀，变成小花猫呀；

四根手指头呀，变呀变呀，变成小花狗呀；

五根手指头呀，变呀变呀，变成花蝴蝶呀。

2.教师出示分类棋盒中的棋子图片，请幼儿进行观察，说出图片内容。

（1）教师：我们的手指头变出了可爱的小动物，今天老师还给你们带来了一些图片，我们一起看一看吧。

（2）教师：你们看到了什么图片呢？（教师根据幼儿的能力，选择部分图片请幼儿观察，说出图片内容）

（3）请幼儿尝试将图片按照动物、植物、水果、交通工具四个不同类别进行分类。

（4）教师小结：我们看到的兔子、花猫等属于动物类；杨树、柳树等属于植物类；苹果、葡萄等属于水果类；汽车、自行车等属于交通工具类。

3.游戏活动：分类小能手。

（1）教师邀请四名幼儿介绍"分类小能手"游戏规则：

请每名幼儿选择一面有标志的小旗子作为类别标记，规定时间内找到相同类别的图片，分类正确，数量最多者获胜。其他幼儿不得进行提示。

（2）幼儿进行游戏，教师计时，根据幼儿操作情况，灵活调整游戏时间。

（3）集体验证，观察幼儿分类是否正确，分类正确数量最多者获胜。

4.对获胜幼儿进行奖励和表扬，请他（她）说一说分类的好方法。

5.活动结束。提示幼儿将材料进行整理后收回,养成良好的常规习惯。

拓展游戏:

请幼儿说一说自己了解的动物、植物、水果、交通工具等。

河北省高碑店市第二幼儿园　张乃艳

好玩的逻辑狗

适宜年龄：大班

一、发展目标

1. 在动手操作过程中，幼儿掌握对形状、色彩、空间、方位的初步认知。

2. 掌握基本数的概念，提高幼儿对图形和空间位置关系的辨别。

3. 通过情景多样的加减法游戏，发展幼儿的计算能力。

4. 训练幼儿摆脱对事物与形象的依赖，提高幼儿的抽象运算能力。

5. 多元化的题型设计能有效发展幼儿思维的灵活性和敏捷性。

二、制作材料

KT板、素描纸、彩色圆钮、毛根、双面胶、记号笔、彩笔、螺丝、冰棍棒和粘纸。

三、制作方法

逻辑狗是一个主要由操作板和许多的操作材料组成的思维游戏，包括小班的点数游戏、中班的认识相邻数游戏、大班的认识整点和半点的游戏等。逻辑狗以活泼生动的方式，将科学的教育理念运用到生动的游戏中，让幼儿在学中玩、玩中学，让教育不再枯燥。

KT板的尺寸是：长80 cm、宽60 cm。

1. 用KT板和白色的粘纸制作逻辑狗的底部。
2. 用冰棍棒和绿色的粘纸制作逻辑狗中间的支撑物。
3. 用KT板和绿色的粘纸制作逻辑狗的主页面。
4. 用毛根和6个螺丝制作逻辑狗的6个按钮。

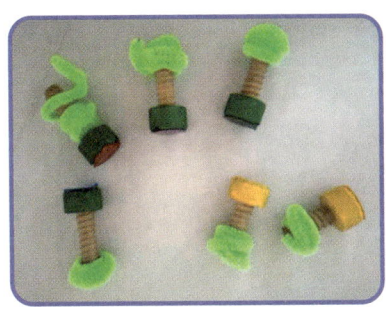

5. 用彩笔绘制逻辑狗的彩页纸。

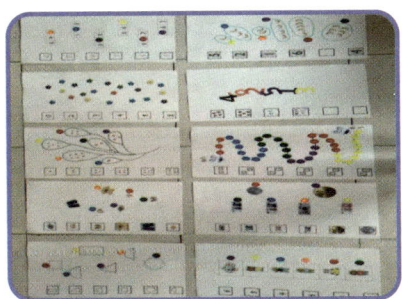

6. 最后组装逻辑狗。

四、建议玩法

1. 操作板上有彩色的圆钮,圆钮可以在槽中移动,游戏前需要将圆钮移回到板子的上端。

2. 卡片的背后提供出本页需要解答的问题,卡片中设计的每个问题情境或者题目用不同颜色的圆点表示,圆点颜色与操作板上的彩色圆钮一一对应,卡片的右侧是题目的答案。

3. 游戏开始时,先将卡片从下面插入操作板的框中。

4. 通过问题提示寻找答案,答案确定后,找到与题目上标示的彩色圆点相同的彩色圆钮,将它移动到该题目的答案处。

5. 游戏完成后,幼儿可以和自己的同伴检查结果是否正确。

五、实践案例

活动：好玩的逻辑狗

早晨区角活动的时候，然然第一个来到幼儿园，看见老师自制的玩具放在益智区，就问老师："老师，我可以玩一下你的玩具吗？"

"当然可以啊。"

然然刚拿到玩具时，左看看、右看看，不知道如何下手去玩。看到她发愁的样子，教师介入，给她讲解玩法。

然然高兴地叫道："原来是这样玩啊，真有意思。"说完去材料包里随手拿了一张数物对应的卡片纸。

拿到卡片后，她先看了下卡片纸后面目的是什么，然后轻轻把卡片纸放入操作板中。她先数了一下每个圆圈里香蕉的数量，然后对应着右边的颜色点，拨弄着操作板上的小按钮。不一会儿，就把6个小按钮放到了正确的位置。

做完后，然然并没有立即结束游戏，而是重新检查了一遍自己的答案，看是否存在错误。

教师走过去问她："然然，你觉得这个游戏好玩吗？"

然然说："我觉得太好玩了，我太喜欢这样的游戏了。"

现在的教学需打破以前的常规教学方式。游戏是幼儿最喜欢的活动方式，应进一步提倡"在游戏中教、在游戏中学"。逻辑狗这个教具，可以给幼儿提供很大的自主选择空间，给幼儿提供一个游戏环境，让幼儿做游戏的主人。

俗话说："授之以鱼，不如授之以渔。"给幼儿传授知识和技能，不如教幼儿如何增加获取知识的能力，这款玩教具让幼儿在享受游戏乐趣的同时发展了自身的思维能力。

山西省晋城市城区凤鸣幼儿园　郭凯霞

乐器组合

适宜年龄：中班、大班

一、发展目标

1. 让幼儿感受生活创意之美。
2. 让幼儿感受音乐创意之美。

二、制作材料

废旧生活用品，如奶粉罐、小盆、碟子、小碗、小勺、铁桶、纸壳以及不锈钢物品。

三、制作方法

这组乐器组合共三类：

第一类是架子鼓，规格45 cm×65 cm，主要材质是废旧生活用品，奶粉罐、小盆、碟子、小碗、小勺、铁桶、纸壳，然后创意组装。

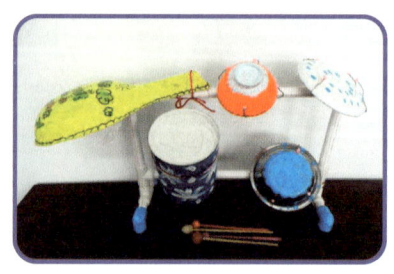

架子鼓

第二类是木琴，规格 50 cm×16 cm，由木头和钢管组成，让工人将铜板或钢板截成一根比一根渐短的管，进行有序摆设，长短不一。幼儿可以感受到长短不同的钢管发出的不同的声音，在节奏下形成美妙的乐曲。

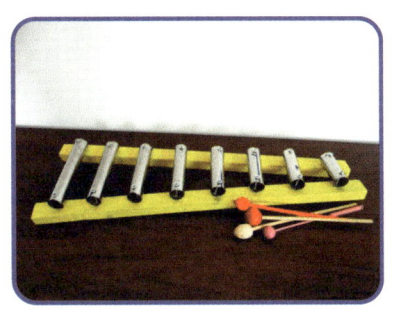

木琴

第三类是风铃组合，规格是 70 cm×55 cm，全部是不锈钢物品。让工人截成一根比一根渐短的管，进行有序摆设，长短不一，组合成风铃，然后在最上端固定一个废旧的水杯和杯子盖。

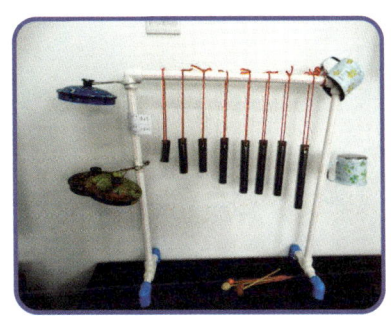

风铃组合

演奏以上三组乐器的方法都是用木槌进行敲击，木槌有圆形和锥形两种，形状不同、质地软硬不同，产生的音质效果也不同，能够给幼儿带来变化莫测的神奇感受，让幼儿得到艺术的、美的享受。

四、建议玩法

乐器组合是能够应用于艺术领域及表演区的教学活动。幼儿在废旧物品上自由涂鸦，将废旧的水杯、盘子、饭碗、奶粉罐等进行彩绘，经过美化后装饰成大鼓、小锣等乐器。废旧物品不但在幼儿手中成为了精美的艺术品，而且也成为了让幼儿进行演奏的自制乐器。

幼儿可以自由敲打，或者根据音乐活动进行打击乐伴奏。通过不同的节奏，创意出不同的音乐效果，既能让幼儿感受生活创意之美，又能让幼儿体验自然声韵的创作之美。

五、实践案例

活动：演唱《郊游》

活动目标：

1. 使幼儿理解歌曲内容，感知音乐ABA结构及体验欢快、抒情的情绪。

2. 尝试用铃鼓、碰铃及部分自制乐器演奏，幼儿体验合作演奏的乐趣。

活动准备：

1. 在日常活动中已熟悉歌曲《郊游》。

2. 教学资源：自制挂图、自制乐器。

活动过程：

（一）回忆郊游

幼儿自由说一说自己郊游的经历，看到过哪些风景等。

（二）学习歌曲《郊游》，感知歌曲的结构和性质

1. 这首歌曲有几段？哪几段是一样的？

2. 第一、三段歌曲听起来怎么样？

3. 第二段歌曲听起来怎么样？心情如何？

4. 以上三段的快慢节奏一样吗？（第一、三段高兴欢快，第二段优美舒缓，歌曲是ABA结构。）

（三）根据歌词内容创意动作

小朋友们跟着歌曲的节奏可以做什么动作呢？让自己的小脚、小手动起来吧。

（四）出示乐谱图，为歌曲伴奏

1. 幼儿自由讨论，教师引导幼儿用肢体动作表现音乐。

2.幼儿尝试理解图谱,讨论配器方案,自己选择乐器,看图谱击打节奏。

(五)自选乐器演奏

幼儿可以独奏,也可以合作演奏,然后交换乐器。

活动延伸:

幼儿在表演区分角色进行演唱、演奏。教师鼓励幼儿自由发挥、创意,充分发挥幼儿的艺术潜能。

1.对学过的歌曲自由组合进行延伸,分工表演、演唱、演奏,创意表演。

2.自由演唱喜欢的歌曲,并尝试合作演奏、表演等,自创游戏环节。

3.自编自演,创意发挥,自由创意演奏。

山东省日照市东港区陈疃镇中心幼儿园　董美萍

好玩的木棍

适宜年龄：大班

一、发展目标

1. 大胆探索，尝试一物多玩，使幼儿在游戏中体验与同伴合作的乐趣。

2. 发展幼儿平衡等基本动作的协调灵活性。

3. 知道废物利用，增强幼儿的环保意识。

二、制作材料

日常生活中收集的木棍与扁木棍、钉子、滚轮等。

三、制作方法

1. 踩高跷

（1）将日常生活中收集的直径为 0.1 m、长 2 m 的木棍，制成高 1.3 m，上圆下方的高跷柄。

（2）在高跷柄下方的 0.2 m 处钉上长 0.2 m、宽 0.1 m、高 0.1 m 的三角形木块，作为脚踩点。

2. 跷跷板

把扁木棍放置在缠光缆线用的滚轮上，即可形成跷跷板。

四、建议玩法

1.踩高跷

（1）幼儿在划分好的场地上自由踩高跷。

（2）在草场地上按一定的距离（自由调整距离）摆好PVC管，让幼儿绕着PVC管走"S"形曲线。

（3）幼儿站在同一起点，听口令向前走，看谁走得稳又快。

2.跷跷板

把长2.5 m、宽0.4 m的木板放在滚轮上，玩跷跷板的游戏。

五、实践案例

活动：好玩的木棍

活动目标：

1.提高幼儿身体的协调性、灵活性，帮助幼儿掌握保持平衡等基本动作。

2.知道废物利用，增强幼儿的环保意识。

活动准备：

木棍、滚轮。

活动过程：

（一）热身运动

幼儿手拿木棍边听音乐边做动作进场，进行热身运动。

1.队列练习，听信号走队形：四路纵队→八路纵队→两个大圆→螺旋形→四路纵队。

2.做木棍操：上肢运动、下蹲运动、体侧运动、腹背运动、跳跃运动、整理运动。

（二）自由探索活动

1.引导幼儿探索各种木棍的玩法，看哪个幼儿的玩法多，而且跟别人不一样。

幼儿在探索木棍的玩法中，教师注意观察幼儿的表现，及时表扬玩得有新意的幼儿，鼓励幼儿想办法和别人玩得不一样。如过小桥、跨小河等。

2.组织幼儿讨论：你还能怎么玩木棍？（加深问题难度，提供想象空间）

3.幼儿分享自己的玩法。

（三）探索木棍的组合玩法

教师：木棍除了一个人玩，两人或多人的时候可以怎样玩呢？

幼儿自由分组尝试，并分别展示自己的组合玩法。

（四）游戏：夺红旗

1.教师讲解游戏玩法及规则。

2.幼儿按照布置好的场地自由练习。（先钻山洞，再踩高跷走独木桥，最后压10个跷跷板跑到高地夺红旗）

3.幼儿分组练习，教师巡回指导。

4.组织幼儿进行比赛。

（五）结束部分

听音乐《摇小船》进行放松整理活动。

山东省淄博市沂源县悦庄镇龙山幼儿园　王伟

会动的故事

适宜年龄：中班

一、发展目标

1. 根据故事书操作材料，大胆讲述故事，提高幼儿表达的积极性和能力。

2. 幼儿通过操作材料，初步感知磁铁的特性，了解正负磁极相吸的性质。

3. 使幼儿体验操作、绘制的乐趣。

二、制作材料

废旧纸箱、卫生纸筒、磁铁、丙烯颜料。

三、制作方法

小班年龄段的幼儿喜欢听别人讲故事，到中班更倾向于自己去讲。《指南》指出：要为幼儿创设一个想说、喜欢说、敢说的语言环境。4-5岁幼儿更加喜欢交往，又活泼好动、积极调动感官去感知周边的一切。因此，从《指南》出发，结合幼儿的年龄特点与兴趣，制作了"会动的故事"，综合了语言、科学、社会、艺术、健康五大领域的相关知识和技能。

1. 选择幼儿喜欢的故事制作成小书，然后将废旧纸箱裁成正方形制作背景卡，并利用丙烯颜料涂出颜色。

2.将卫生纸筒划出两个洞让背景卡站立起来。

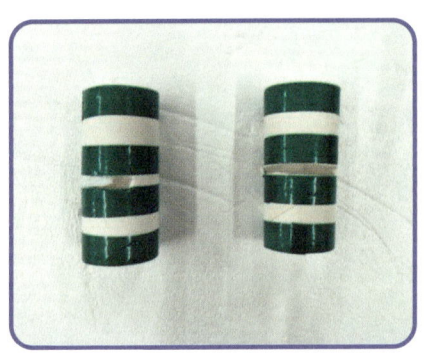

3.利用薄纸箱制作主要角色卡片，然后涂色。

4.将磁铁粘在角色卡后面，"会动的故事"玩教具就制作完成了。

四、建议玩法

1. 一人操作或两人进行合作，分角色操作、讲述故事。
2. 幼儿自制喜欢的故事角色，进行创意表演。
3. 幼儿自制故事剧本并进行表演。

五、实践案例

活动：会动的故事

幼儿们特别喜欢故事《稻草人的朋友》，教师每次讲完都会收到"再讲一遍"的请求。为了让幼儿参与讲故事，提高他们表达的积极性，教师以幼儿们喜爱的故事为雏形，创意制作了这个别出心裁的玩教具。

刚开始投入使用时，教师先让幼儿自己去探索如何操作，并讲述故事内容，幼儿对于探索非常好奇，玩得不亦乐乎。

教师在互动中提出："为什么故事角色能够动起来？"

这一提问，引起了幼儿们的极大兴趣，通过探索发现，原来让故事动起来的奥秘是磁铁的吸力。

在活动中，教师有意引导幼儿认识了磁铁，通过对比探索，知道了磁铁的一些奥秘。

接下来，教师根据幼儿的兴趣又投放或者制作了更多会动的故事，幼儿们逐渐开始根据小书提供的线索创编故事。

动起来的故事让他们充满激情，更有表达的欲望。

过了一段时间，考虑到幼儿们对玩教具的热情渐渐消退，教师开始跟踪观察，发现幼儿喜欢自己画小书讲给小伙伴听，或喜欢用彩泥捏角色然后用牙签代替磁铁进行表演。原来幼儿喜欢自己服务自己，喜欢想象和创造。

于是教师将玩教具进行升级，提醒幼儿自己可以画故事、制作小书，然后讲给小伙伴听，或者去美工区捏出故事中的角色，放到语言区讲故事用。

升级后的玩教具不仅丰富了语言区，也将科学区、美工区进行了联动，幼儿与材料的互动性更强，自主学习更积极，为幼儿提供了更多的合作机会。他们不再仅限于教师提供的故事、角色、背景卡，而是自己进行一系列的创造，使故事与角色更丰富。

内蒙古自治区鄂尔多斯市东胜区那日松幼儿园　付影

解救小鲸鱼

适宜年龄:大班

一、发展目标

1. 在情景游戏中,幼儿能主动发起活动或在活动中出主意、想办法;不怕困难,能认真负责地完成自己的任务。

2. 在玩水游戏中,幼儿能够亲身体验和探索水与气压之间的关系,对"喷泉"现象产生探索的兴趣。

3. 在操作摆弄中,幼儿的精细动作能力与协调能力得到增强。

二、制作材料

1. 废旧充气水池一个。

2. PVC管、塑料瓶、玩具水桶、水枪、软管、乌云图片若干。

3. 任务卡、卷纸筒、果冻杯、踩气筒、标靶、雪花片、弹珠、牙签、泡沫板、海绵垫、木板。

三、制作方法

玩具底部是一个尺寸为1.2 m×1.2 m的管架游泳池,泳池上方用PVC管架起的十字形支架背部是用塑料中空板制作的船型背景板。

1. 奇妙喷泉:用废弃脚踩打气筒连接软管,再将软管的另一端固定在水池底。当幼儿踩踏打气筒时,压力使空气通过软管进入水池底部，从而喷出奇妙喷泉。

2. 旋转水车：水车是由一个卷纸筒作轴心，五个果冻盒作叶轮组成。将一根长软管穿进PVC管支架中，一头从水车上部露出，管口朝下，另一头从支架侧面穿出并连接一个饮料瓶。当幼儿挤压饮料瓶时，由于压力，瓶中的水通过软管从另一头流出，水的冲力使水车快速转动起来。

3. 射击海盗：用七个雪花片组装成一个小风车，再用玩具水管和牙签固定在背景板上。幼儿用自制水枪（盖上有孔的饮料瓶）射击风帆，使风车转动。

4. 滚动炮弹：用PVC管制作两个管道，一个直的，一个弯曲的。幼儿同时将两个弹珠放入不同管道口，比一比哪个弹珠先出来。

5. 攻打小船：小船由甲板和船帆组成，甲板由不同材料、不同大小的泡沫板、海绵垫、木板等制作而成。幼儿将小船放在水面上，再用自制水枪射击，感受不同材质大小不同的浮力。

6. 暴风来袭：将饮料瓶从中部横向裁开，选取下半部分，再在瓶底及侧面戳孔。每个瓶子孔的大小及高度各不相同。再将瓶子挂在支架上，用乌云图片装饰。幼儿把水灌入饮料瓶中，观察不同瓶子水的流动速度。

7. 激流勇进：将两个饮料瓶纵向裁开，有梯度地固定在背景板上。幼儿将水从上灌入，感受水的流动性。

8. 喷水鲸鱼：在脚踏打气筒的入气孔连接一根软管，把软管的另一头放入水池中；在打气筒的出气孔连接一根软管，软管顺着支架连接顶部的大饮料瓶（鲸鱼），幼儿踩踏打气筒时，水通过入气孔进入打气筒，经过挤压进入鲸鱼中，待鲸鱼装满水时，水从鲸鱼顶部的孔喷出。

四、建议玩法

"解救小鲸鱼"是一个综合性的自制玩教具，左侧是一个供幼儿操作并完成的任务板，幼儿每完成一项任务就插上属于自己的小旗子，待所有幼儿都完成七项任务后，他们将一起合作完成最后一项红

星任务——解救小鲸鱼。

1.**奇妙喷泉**：轻踏踩气筒让软管在水中吐出泡泡。

2.**旋转水车**：挤压水瓶，让水经过软管流到水车上，推动其转动。

3.**射击海盗**：挤压喷水瓶射击标靶，使雪花片转动。

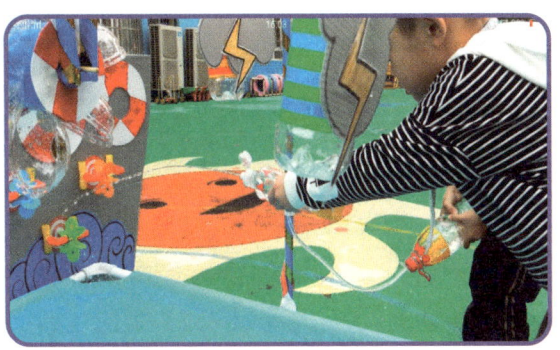

4. 滚动炮弹球：把同样的两个炮弹球分别投入不同的管道中，观察哪个管道中的炮弹球先滚出。

5. 攻打小船：挤压喷水瓶射击不同小船。

6. 暴风来袭：把水桶中的水倒入乌云瓶中使其下起暴风雨。

7. 激流勇进：把水桶中的水倒入瓶中，让其像瀑布一样流出。

8.喷水鲸鱼（红星任务）：轻踏踩气筒，让鲸鱼喷出水花，成功救出小鲸鱼。

五、实践案例

活动：解救小鲸鱼

在一次玩水游戏中，幼儿将浇花的塑料瓶装满水后把盖子拧紧，然后不停地按压，发现水能从瓶盖的孔里喷射出来，于是乐此不疲地重复着将水装满再挤压喷射的动作。为了让幼儿能够进一步拓展生活经验，提升游戏能力，在"有趣的水"主题下，教师为幼儿设计了富有游戏性、趣味性、科学性、多样性的玩教具"解救小鲸鱼"，让幼儿在与材料、环境的互动中探索和感知身边的科学。

随着电话铃声的响起，妮妮船长接到求救信号立即带领小水手来到任务板前，根据指示图了解"解救小鲸鱼"所需的八重关卡是哪些，然后进行任务分配。小船长还提醒大家不要怕困难，要互帮互助，势必不负众望，解救出可爱的小鲸鱼！

大家击掌鼓气，便雄赳赳气昂昂地出发了！

鸿鸿率先来到"奇妙喷泉"，用脚不断地踩水池旁的打气筒，水池内的"喷泉"咕噜咕噜地冒出水来！完成任务后，鸿鸿大声向船长报告，并将任务旗帜插在任务板上。

一边负责旋转水车的彤彤皱着眉头，自言自语地说："咦，怎么没有水喷出来啊？"她提起水瓶往下压，可是水始终上不去，没有水从上面流出来，要怎么才能让水车转起来呢？

这时，鸿鸿走过来，拿着水瓶用力挤，水柱虽然动了一点，但是仍然不能流出很多水让水车转动。突然他灵机一动，说："一定是瓶子里的水太少了，我们再装一点水试试吧！"说完，两个小伙伴一起把瓶子装满水，用力挤瓶身，水柱不断上升流在水车上，受到水的推动，水车马上转动起来！

涵涵手里拿着炮弹球对着管道入口将其放入，经过直道和弯道的炮弹球先后下落击中了海盗船。接着，携带喷水瓶将其他一条条小船全部打倒……

任务板上的小旗帜逐渐立起来，大家离胜利的终点越来越近！妮妮船长开始用小水桶在不断冲击河流下完成"激流勇进"。

大家聚集在一起，准备完成最后的任务，只要小鲸鱼可以喷水，小海军们的解救任务就完成了。然而，解救小鲸鱼并非易事，妮妮船长用力踩下打气筒，可小鲸鱼却迟迟不喷水，这把小海军们急得直挠头。

鸿鸿试着把上水管拔下来，这样没有了水在打气筒里形成的阻力，打气筒容易踩很多，不一会儿，小鲸鱼就在水池正上方喷出了漂亮的水花！

小船长和小海军们欢呼雀跃！

安徽省合肥市长丰县直属机关幼儿园锦湖分园　王静娴　倪瑶佳　郭晓雪

海底总动员

适宜年龄：小班、中班、大班

一、发展目标

1. 在各式各样的游戏中锻炼幼儿的走、跑、跳（单脚、双脚）、钻、爬、投掷等能力。
2. 促进幼儿动作的协调性、灵敏性，有效提高其平衡能力。
3. 幼儿在与游戏材料的互动、与同伴的合作创新玩法中，按照自己的意愿进行创造性游戏，体验游戏的乐趣。

二、制作材料

废旧软胶垫、软胶棍、铁丝、布。

三、制作方法

户外运动是幼儿最喜欢的活动之一，对于大班幼儿来说，其表征能力已经很强，在运动游戏中他们更喜欢借助一些简单的低结构材料，进行"以物代物"和"一物多玩"，创新玩法，体验不同的乐趣。教师在带领幼儿进行户外运动游戏时发现，很多运动器材过于庞大，不易搬运，玩法单一，遇到天气不好时，户外运动游戏无法开展，更不能将器材搬到室内。如何让材料可调整、一物多玩、安全轻巧、便于搬运、发展幼儿多方面的能力，成为此次玩教具设计的初衷。

此款玩教具设计简约、玩法多样、适于室内外，通过对一些低结构废旧材料的改造再利用，变换多种玩法；另外，通过对材料进行再创造，并以单人、多人的形式创造出各种组合玩法，进一步丰富游戏形式及内容。

基本结构：螃蟹形状、圆形、长条形。

整体造型：螃蟹形多功能架。

外形尺寸：螃蟹形多功能架直径为100 cm、蟹腿为120 cm。软胶棍分别为170 cm、115 cm、78 cm、62 cm。

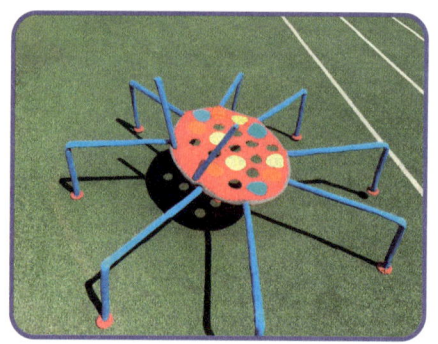

四、建议玩法

1.使用不同长度的软胶棍，变换各种玩法，如单脚跳、双脚跳等。

2.对材料再创造，以单人、多人的形式创造出各种组合玩法，如将软胶棍折、弯成各种形状，如海星状、圆圈状，进行投掷、套圈，实现一物多玩。

3.将废旧的地垫、铁丝、布组合起来，创意想象，自由探索玩法。

五、实践案例

活动：好玩的大螃蟹

户外运动时间到了，幼儿们如往常一样自由分散开，到材料库选择运动游戏材料。很多幼儿去搬"海底总动员"，他们抬"螃蟹"，拿软胶棍、头饰、奶粉桶、沙包……忙得不亦乐乎。幼儿们和好朋友进行合作，有的搭成通关大道，有的跳来跳去，有的变换着材料的形状……绿色的操场上汇成一片欢乐的海洋。

苗苗和乐乐沉醉在"海底总动员"游戏中，乐此不疲，大声召唤着其他的小伙伴，手中还比画着，俨然一副领导者的风范。在苗苗和乐乐的指挥下，幼儿们将材料"大变身"了，佳佳去拿了一些较长的软胶棍，两手将棍子用力一弯，完成了小桥形状，两边插在奶粉桶中，然后小心翼翼地放在操场上，高兴地说："这是龙门。"

琪琪马上接话说："我知道这个故事，妈妈给我讲过这个故事。"

"那咱们玩小鲤鱼跳龙门吧，我们就这样跳。"佳佳说着双脚跳起来，跨过了"龙门"。

于是，一群幼儿过来，一条条小鱼有序地跳着龙门。

轮到涵涵钻龙门时，他试着慢慢挪动身体，屁股往下缩，然后顺利钻过去了。小伙伴们也学着涵涵的样子依次钻过龙门，玩得不亦乐乎。

突然，涵涵又有了新的玩法。他不满足于钻龙门，开始躺着一点点过龙门，竟然成功了。涵涵真是个会玩、爱动脑的孩子。

再看这边，幼儿们各种玩法，爬、钻、跳，热闹非凡。

最后游戏结束，幼儿们将材料有序地收拢起来，分类放回了原处。

玩教具"海底总动员"的主要材料是废旧地垫、铁丝、布等，这些材料日常可见。在制作时，首要考虑的是材料的安全性和环保特性，从开始的缠绕铁丝，到包裹垫子再到最后的包布，每一环节都力求确保玩教具的安全性。

幼儿在使用此套游戏材料时，可随意折、弯软胶棍，材料不会有任何破损，螃蟹功能架也很安全，幼儿可在螃蟹腿上跨、跳，在螃蟹盖下钻、爬，还可在远处投掷，材料安全、玩法多样。

户外运动时，"海底总动员"玩教具的投放吸引了很多幼儿。在游戏中，幼儿自选材料、自选玩伴、自选玩法，对材料进行再创造。每个幼儿都有不同的想法，他们在自创的游戏环境中，享受着运动游戏的快乐。教师更多的是站在幼儿身后，认真观察和倾听，从专业视角用专业知识去解读幼儿，适时采取恰当有效的策略进行指导，支持幼儿的学习与发展。每个幼儿都在游戏中展现着属于自己的"哇时刻"，相信他们都是有能力、有自信的学习者。

山东省威海市环翠区温泉学校　王战平
山东省威海市环翠区红叶谷幼儿园　夏芸菲
山东省威海市环翠区孙家疃第一幼儿园　宁俊

筐筐宝贝

适宜年龄：大班

一、发展目标

1. 以废旧小筐为媒介开展丰富有趣的美术创作活动，丰富区域活动材料，增加游戏素材。

2. 有限资源的循环利用使幼儿在丰富生活情趣的同时，树立了节约资源、绿色低碳的环保意识。

二、制作材料

各种废旧小筐、彩纸、油画棒、勾线笔、彩色毛根、双面胶、剪刀等。

三、制作方法

1. 选好小筐，根据小筐大小及形状特征设计制作可爱的动物形象。
2. 将画好的头像用剪刀沿轮廓剪下。
3. 以绘画剪贴等形式完成五官细节装饰。
4. 设计、制作动物形象的身体。
5. 把制作好的多个卡通形象部分与小筐合体，粘贴制作完成整体形象。
6. "筐筐宝贝"作品完成。

四、建议玩法

在表演区投入自制"筐筐宝贝"玩教具若干，幼儿自主设定游戏内容与情境，开展游戏。

五、实践案例

活动："筐筐宝贝"表演秀

活动目标：

1. 幼儿自主选择"筐筐宝贝"游戏道具，开展创造性表演。
2. 激发幼儿表演游戏的兴趣，体验创意表演活动的乐趣。

活动准备：

1. 将幼儿自制"筐筐宝贝"表演材料投入表演区。
2. "梦想舞台"的表演背景。

活动过程：

1. 欣赏了解新投入材料的形象特点，根据素材特征设计创造游戏情境和内容。
2. 选择自己喜爱的由废旧小筐制作的服饰道具装扮自己，爱惜游戏材料。
3. 协商创设游戏情境及情节，大胆进行表演。
4. 引导幼儿在游戏中大胆创新，体坝"一物多用"。
5. 游戏小结，共同分享游戏的愉悦感受。

评析:

各种新颖有趣的服饰道具激发了幼儿的游戏愿望。大家在选到自己的"最爱"后,能聚在一起协商游戏内容,设想情境,愉快地进行表演。满足表演欲望的同时,提高了自我创作表演的能力。

另外,幼儿在自由愉快的创作活动中,提升了对美的感受力、表现力和创造力,又拓展了教师的美术教学空间。幼儿们在活动中还学会了时时处处留心各种物品的收集与保留。通过观察欣赏这些物品本身固有的特色来激发幼儿的创作灵感,营造优美、和谐的艺术氛围。幼儿在丰富生活情趣的同时,树立了节约资源、绿色低碳的环保意识,做到有限资源的循环利用。

山东省济南二机床集团有限公司幼儿园　张蒨　刘天琪　王静

图形变变变

适宜年龄：小班、中班、大班

一、发展目标

1. 锻炼幼儿的手眼协调能力。
2. 通过尝试活动发展幼儿的思维、理解和动手操作能力。

二、制作材料

硬纸板、自粘纸、不织布、吸管以及各种益智类图形。

三、制作方法

选用硬纸板、自粘纸、不织布、吸管等材料制作长方体纸盒，另以图形为主要元素，图形可以相对独立，又可以相互融合，存放于自

制的长方体纸盒中，携带、取放方便，综合性强。

该玩教具主要功能是借用图形元素，巧妙将各类拼图配对、构建、垒高，注重从整体到个别、从外观到内在，多种途径入手，循序渐进地帮助幼儿由浅入深感知各种图形的特征。

四、建议玩法

1.彩蛋拼图：主要由图形地板、相应颜色的纸盒以及红、黄、蓝、紫四个彩蛋组成。可以按照不同年龄段的发展特点，引导幼儿开展颜色配对、构建彩蛋、创意拼搭各类造型等游戏。

2.俄罗斯方块：可以根据幼儿的年龄特点，引导幼儿开展按地板填补图形，自由组合构建，比比谁最快，看谁搭得多、看谁搭得高等游戏。

3.形状分解板：由易到难，由一个形状分解为二个、三个、四个、五个形状等。可根据幼儿能力发展要求，引导幼儿完成图形的填补、组合、拼搭等。

4.圆形陀螺：由各类卡通圆形陀螺片和陀螺组成。可引导幼儿先猜猜小鱼转起来可能是什么样子的，锻炼幼儿的手眼协调能力。旋转时，颜色、图形不断变化，可以给幼儿带来一场视觉盛宴。幼儿还可以比赛，看谁的陀螺转的时间最长。

5.多维组合建构：10个图形造型，2种吸管造型，多个图形底板，构建图示等。幼儿可先按底板构建，熟练后自由构建、创意构建，尝试用吸管组合拼插等，给予了幼儿很大的创造空间。幼儿也可以进行图形分类游戏。

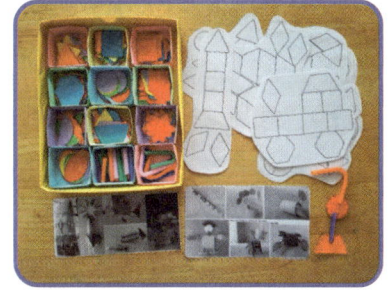

6.填补图形：各类图形可任由幼儿自由拆卸、组装、连接等，填补时可以按幼儿能力发展特点，提不同的要求，如按颜色填补、按形状填补等。

7.毛毛虫组合：软软的不织布图形，可以按颜色、形状等多种形式排列组合，锻炼幼儿的精细动作；或用小纽扣把所选图形连接起来制作可爱的毛毛虫。

8.正方形组合:以正方形为底板,各类图形按颜色、花纹等依次构建、组合,也可以分散拼搭,最后回归成正方形。

9.垒高组合:各类立体图形垒高,完成图形建构从平面走向立体。

五、实践案例

活动:图形游戏

活动目标:

1.熟悉各种图形的特征,培养幼儿对数学活动的兴趣。

2.发展幼儿的思维、理解和动手操作能力,培养幼儿的尝试精神。

活动过程:

(一)图形宝宝在哪里

1.导语:今天,老师带来了一个奇妙的口袋。你们想不想知道里面藏了什么秘密啊?

教师念儿歌:奇妙口袋东西多,让我先来摸一摸,摸出来看看是什么?

教师从口袋里拿出正方形。

教师:这是什么啊?日常生活中,我们见过哪些物品是正方形的?(引导幼儿讨论)

2.教师再念儿歌:奇妙口袋东西多,请××小朋友来摸一摸。

当幼儿摸出图形后,要求说出图形的名称和特征,并讲出生活中还有哪些这样的物品。(游戏反复进行)

3.小结:奇妙口袋里有三角形、正方形。三角形有三个角三条边;正方形有四条边四个角,而且四个角一样大,四条边一样长。

(二)美丽图中找一找

教师:老师带来了两幅图,请大家看一看都是由哪些图形宝宝组成的。(出示图片,展现所学图形)

引导幼儿按图形特征分类。

(三)拼画活动

1.大家想不想用图形宝宝拼图?这么多图形宝宝,请大家拼出自己喜欢的图形。

2.让幼儿大胆想象,在几何图形上添画成另一物品。

江苏省苏州市苏州叶圣陶实验小学幼儿园　王静

数学魔具

适宜年龄：大班

一、发展目标

1. 感知和理解数量关系、形状关系，发展幼儿数学认知能力。
2. 幼儿在探究过程中体验成功的喜悦与满足。

二、制作材料

造型各异的打孔器、彩色打印纸、手工纸、卡纸、过塑膜、丝带、双面胶、绳子等。

三、制作方法

作为幼儿教师，特别是教数学的教师，大都为制作教具、学具苦恼过。由于具体形象思维是幼儿期主要的思维方式，它又是在直觉行动思维的基础上发展起来的，所以在幼儿教学中需要大量的、丰富的教具材料，幼儿需要在反复的操作学习中感受具体的数、量、形，取得丰富的感性经验，从而达到发展智力的目标。本套教具尝试利用造型丰富、快速便捷的打孔器与色彩鲜艳、易于采购的彩纸，增加牢固耐用度，可写、可画，方便幼儿操作。

1. 抽拉式组成学具

两条长26 cm、宽4 cm的长方形彩纸条（颜色最好反差比较大）

重叠，在上面的纸条上用打孔器均匀打出1-10不等的各种造型的孔。过塑后将两端剪开，成一长条纸筒，中间的插条选用另一种颜色且稍硬的卡纸，尺寸略窄并长于纸筒，过塑后插入即成。

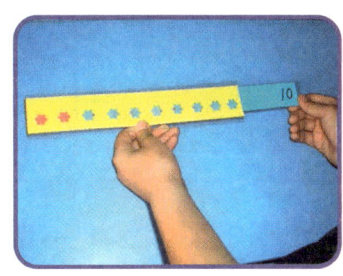 

2.排序小提包

将红色彩纸折叠出24个小方格，提前设计好路线，用3种不同形象的打孔器打孔然后过塑，反面如果过塑可不必打孔，这样小提包的包身便形成了。然后在包身周围无色透明部分打出圆孔，用丝带有规律地穿编，小提包就制作好了。小提包内可插入不同的过塑卡片，可由红、绿、蓝三色混搭的24个小方格组成，从小孔透出不同颜色，可供幼儿按颜色规律进行排序。

 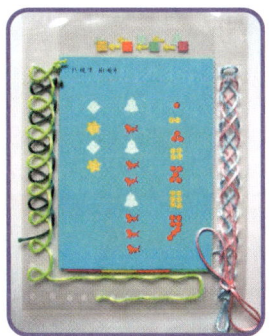

3.等分西瓜（圆形等分）

首先，在绿色圆形纸上画出瓜皮的纹样作底，然后将大红色纸剪出三个略小一些的圆形，覆盖于绿色圆形上，接着画出瓜子放在红色圆形上，大西瓜就制作好了。最后分别剪出2等分、4等分、8等分的西瓜块，过塑后装订起来，可供幼儿操作。

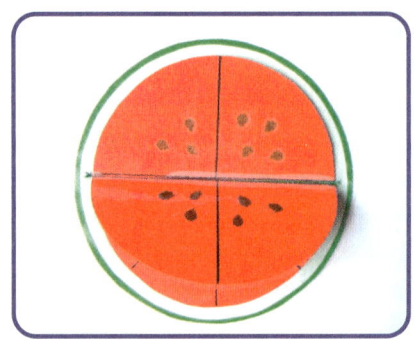

4.变变小魔方（正方形等分）

一张正方形和四张长方形（长方形是半张正方形那么大）双面双色的手工纸，分别过塑。用透明胶将长方形粘贴在正方形的四个边上，注意只粘贴中间部分，便于折叠后穿插。

5.守恒数卡

用圆点、小花朵、小动物等形象的打孔器，在彩色纸片上打出1-10数量不等的孔，然后过塑。注意打孔时要变换孔间距离和排列位置，使幼儿不受干扰进行守恒练习。

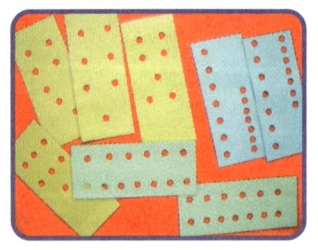 

四、建议玩法

1.抽拉式组成学具

该学具是由一个长条形的纸筒和一张抽拉条组成的。幼儿可通过

抽拉操作使打孔部位显出两种不同的颜色，用于学习数字的分解和组成。

2. 排序小提包

这是一款幼儿操作用的学具及游戏玩具，可放置于活动区。

（1）用于巩固幼儿按图案顺序排序和按颜色顺序排序的技能。幼儿按提包上方的图案顺序提示从入口横向或纵向走迷宫，顺利走到出口为胜。提包中间插入彩色方格图卡即可按颜色排序，可更换不同颜色的图卡，使排序富于变化，进行多次排序。另外，提包背面也有部分排序提示，幼儿可用彩笔继续往下画，进行排序。

（2）提包四周可用于幼儿学习穿编，发展空间知觉、序列感和手眼协调能力。

3. 等分西瓜（圆形等分）

等分西瓜采用西瓜造型，充满童趣，用于教学中的2等分、4等分、8等分演示。

4. 变变小魔方（正方形等分）

变变小魔方用于教师演示和幼儿操作。幼儿通过操作，可变化出多种等分形式，可变换2种2等分、2种4等分（4个三角形、4个正方形），2种8等分。变变小魔方的趣味性、可操作性强。

5. 守恒数卡

（1）同样颜色、形状、大小的圆孔，改变排列形式制作的卡片。如同数异长、同数异位、异数等长。

（2）利用打孔器打出的各种图案粘贴成不同计数对象、不同颜色和不同排列方式等综合因素的数卡，用于课堂教学或放置在活动区让幼儿进行守恒练习。

五、实践案例

活动：10的分解

设计思路：

5-6岁幼儿进入了数的运算初期阶段，他们开始从表象运算逐步向数字运算过度，学习分解组成是这一阶段的重要内容之一。当然，学习方法是多种多样的，抽拉式组成学具可以辅助幼儿学习10的分解与组成，对于理解组成的递增、递减关系起到直观明了的作用。

活动目标：

1.利用学具学习10的分解与组成。

2.在感知数的分解与组成的基础上，掌握数的组成的递增、递减规律和相互交换的规律。

活动准备：

抽拉式组成学具幼儿人手一套，记录单每人一张。

活动过程：

1.碰数游戏。

(1) 教师先确定一个数，师幼一起玩数字的组合。

(2) 教师任意改变数字，幼儿跟着改变数字，使两个数字合起来是指定的数字。

2.出示抽拉式组成学具，介绍基本的抽拉玩法。

教师：小朋友，请你数一数学具上有几个小动物（或小花等其他图案），它们是什么颜色的？

教师：请插入色卡纸条，看看小动物变成什么颜色了，数一数分别是几只？

3.引导幼儿记录10的分解。

教师：随意拉动色卡纸条，小动物的颜色会变哦，它们变成了多少只红色的，多少只蓝色的呢？请你把它们记录在纸上。

4.教师根据幼儿的记录单，在黑板上整理总结出数字的分法，引导幼儿发现数字分解与组成的规律。

5.将幼儿的抽拉卡按1-10的顺序在桌子上纵向排列，通过直接观察再次感受递增、递减的关系。

信息工程大学洛阳校区幼儿园　沈蒨

趣玩电力

适宜年龄：中班、大班

一、发展目标

1.帮助幼儿了解电的用途，有节约用电的意识，初步了解电力作品的结构，能够正确安装电池。

2.丰富幼儿对电的认知，激发幼儿参与科学小实验的兴趣。

二、制作材料

纸盒盖、雪糕棍、电池盒开关、电线、电池、电机、扇叶、纸筒、纸盒、泡沫球、塑料瓶、不织布、细线网、彩泥空盒子、废旧材料边角料、木支架、轮片（两大两小）、小木棍、彩泥、玩具球、泡沫、太阳镜镜片、铁丝。

三、制作方法

1.电力悬浮球

（1）雪糕棍用胶枪组装成立体架用来固定电机、电池盒；

（2）用线悬挂起三个小泡沫球，可以感知风力；

（3）用彩色纸、塑料膜卷成直筒，凭借电力、风力使泡沫球悬浮。

雪糕棍拼搭的支架支撑起两组电力风扇，没有直筒的一侧上方悬挂三个小小的泡沫球，操作区、置物区要分开，不同的直筒和可更换的大小泡沫球可以探索风力、电力、悬浮力。

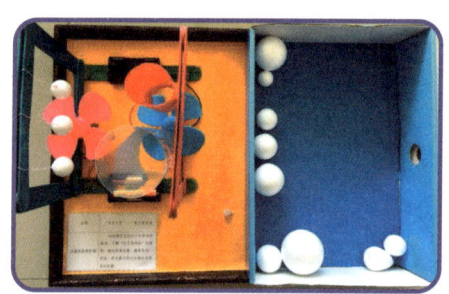

2.电力吸尘器

（1）将可乐瓶子底部去除，底部两头开一个小口用雪糕棍将电机风扇（叶片朝向瓶口）架在瓶子内部；

（2）电池盒连接到瓶身外面用胶枪固定，底部用细线网封住；

（3）八个彩泥盒子分别装有不同材质的废角料供幼儿操作。

吸尘器利用空气负压原理设计而成，由可乐瓶子、电机、扇叶、电池组装成一个简易的小吸尘器，瓶子里的小风扇可以把纸片吸进它的大肚子里，所收集的不同材质的边角料可以让幼儿体验风力负压造成吸力的乐趣。

3.电力摩天轮

（1）木支架固定电机、电池盒，支起的木棍打孔，将玩具球、轮

片用小木棍架起；

（2）自制纸片包厢用小木棍固定在玩具球上，将彩泥搓成团挡住两端，用皮筋连接顶部、底部的大小轮片。

创意来自游乐场的摩天轮，摩天轮是一种大型转轮状的机械建筑设施，上面挂在轮边缘的包厢是供游客乘搭的座舱，可以俯瞰四周景色。

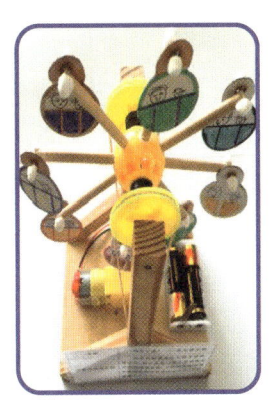

4.太阳能电力船

（1）将泡沫打磨成船身的形状，用铁丝装饰；

（2）儿童太阳镜镜片、电机、电池盒、扇叶用电线连接固定在船身上。

儿童太阳镜镜片与电机风扇的完美组合给了泡沫船行驶的动力，太阳镜镜片实现了光和电的转换。

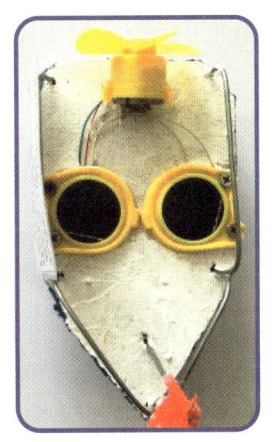

5.水陆两栖船

（1）将泡沫打磨成船身的形状，用彩色泡沫条进行装饰；

（2）将废弃儿童玩具警车车前身取下安装在船面上，将前后车轮取下安装在船下；

（3）将电机、扇叶、电池盒用电线连接，固定在船面上。

儿童废弃的玩具与泡沫的组装实现了水陆两栖船的畅想，船面的电机带动螺旋桨工作，船底的车轮与泡沫雕刻成的船身，既实现了陆地上的跋山涉水，又实现了水域里的畅行无阻。

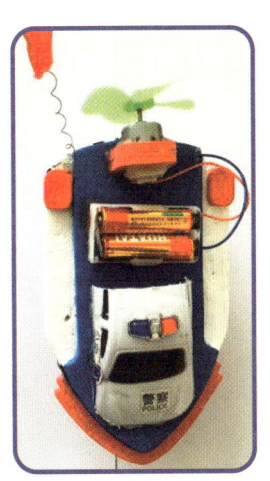

四、建议玩法

此系列玩教具致力于废旧材料的合理利用，所有作品都是小电机、小扇叶、电池与废旧材料的组合；适于科学领域，在大、中班都可以投放，在大班的应用操作比较多。

此系列玩教具包含电力悬浮球、电力吸尘器、电力摩天轮、太阳能电力船、水陆两栖船等，结构简单、材料收集方便、制作容易、安全实用、童趣好玩，可以投放在区域供幼儿自由探索。幼儿通过操作感知科学、玩科学，从而培养幼儿的科学素养。

此系列玩教具的使用非常简单，除了太阳能电力船以外，其他都与电池的正负极安装有关。

电力悬浮球：正确安装电池后，打开开关，观察记录有直筒和没有直筒的扇叶吹动泡沫球结果有什么不同。

电力吸尘器：正确安装电池后，打开开关，观察记录电力吸尘器能够吸起哪些物品，探索吸尘器的秘密。

电力摩天轮：正确安装电池后，打开开关，观察摩天轮是怎样运转的，为什么两根普通的橡皮筋能使摩天轮转动起来。

太阳能电力船：用手遮住太阳能镜片，小扇叶不会转动，把手拿开，小扇叶会转动起来，小船能在水中行驶。

水陆两栖船：正确安装电池后，打开开关，小船既能在陆地上行走，又能在水里行驶。

五、实践案例

活动：趣玩电力

活动目标：

1. 幼儿通过自主探究，了解电的用途，树立节约用电意识。
2. 初步了解电池的作用，引导幼儿能够正确安装电池。
3. 丰富幼儿对电的认知，激发幼儿参与科学小实验的兴趣。

活动准备：

各类电动玩具若干、各种型号的电池若干、电能PPT、自制"电

力十足"玩教具一套、记录表。

活动过程：

1.创设情境，激发兴趣。

创设"电动玩具展览会"情境，幼儿自由选择玩具玩一玩，探索电动玩具的乐趣。

2.了解电池作用，探索正确安装电池的方法。

（1）出示没有安装电池的玩具，请幼儿观察玩具不动的原因，了解电池在电动玩具中的作用，知道电动玩具能动是因为里面有电池。

（2）观察不同型号的电池，能按型号、功能给电池分类。

（3）分组操作，引导幼儿选择合适的电池，按照正确的方法安装电池，让不能动的玩具动起来。

3.玩一玩自制玩教具，探索电能秘密。

（1）幼儿分组玩自制玩教具电力悬浮球、电力吸尘器、电力摩天轮、水陆两栖船，探索如何用小电池让身边的材料运转起来，初步感知电力、风力、浮力等科学现象，并做好记录。

（2）幼儿自由交流自己玩自制玩教具的感想，感知电力的神奇。

（3）出示太阳能电力船，初步了解光与电的转化，知道除了电池还有别的方式能够产生电。

4.观看课件，加深对电的了解。

（1）观看PPT《电从哪里来》，了解电是如何产生、怎样应用的。

（2）初步了解发电的多种方式（水力发电、风力发电、火力发电等）。

5.找找身边的电，丰富幼儿的生活经验。

（1）找一找家、幼儿园、超市等处是否有需要用电的物品。

（2）安全用电：电给我们的生活带来了便利与快乐，但同时也存在着危险，讨论学习安全用电的方法。

（3）节约用电：看课件，判断对错，知道应该怎样做才能节约能源。

活动延伸：

区域活动（科学区）：

电池家族——了解各种各样的电池，学习正确安装电池的方法。

电机的秘密——正确组装电池、连接线路，探索让电机运转的方法。

吸一吸——探索吸尘器的秘密，寻找能吸起来的材料。

太阳的秘密——初步了解太阳能可以用来发电，感受太阳能是万能之源。

山东省莱州市第二实验幼儿园　李小艳

小猫钓鱼

适宜年龄：中班

一、发展目标

1. 幼儿通过操作探索，充分感知磁铁能吸住铁制品的特性。
2. 幼儿能用记录、交流的方式表述探索的结果。
3. 幼儿能积极参与探索活动，体验成功的快乐。

二、制作材料

蓝色纸、黏土、废旧纸盒、蛋糕盒盖、磁铁、木棍。

三、制作方法

作品主要是由黏土、废旧纸盒、蛋糕盒盖、磁铁、两根木棍组成。

1. 生日蛋糕盒盖为圆形，直径约 45 cm。
2. 把蓝色纸剪成圆形，直径与蛋糕盒盖相同，嵌入蛋糕盒盖里，池塘完成。
3. 蛋糕盒盖的边缘涂一层橡皮泥，作为池塘的岸。
4. 在小木棍一端系上绳子，在绳子的另一端系上磁铁，鱼竿制作完成。
5. 用小纸盒制作成鱼筒。

四、建议玩法

幼儿利用磁铁的性能，用鱼竿钓出自己喜欢的小鱼，将小鱼的颜色、外形用语言完整表达，放在相应的鱼筒里。

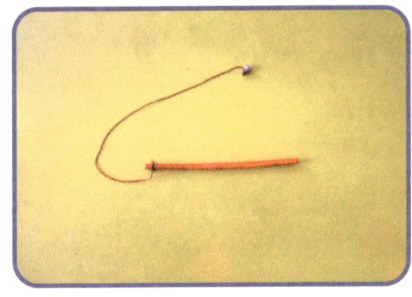

五、实践案例

活动：小猫钓鱼

活动目标：

通过操作探索，充分感知磁铁能吸住铁制品的特性。

活动准备：

自制玩教具一套、各种材质的辅助材料以及各种小鱼图片。

活动过程：

（一）开始部分

教师出示盘子里的辅助材料，引起幼儿的兴趣。

教师：小朋友，请你看一看盘子里有些什么？请你玩一玩盘子里的东西，你会有什么新的发现呢？

（二）基本部分

1.自由探索，激发幼儿兴趣

（1）幼儿自由操作探索，教师巡回观察。

（2）教师与幼儿交流讨论。

（3）教师小结：刚才在玩的时候，小朋友发现磁铁能吸住别的东西。

2.引导幼儿探索磁铁的特性

（1）出示记录单，了解记录方法。

（2）幼儿第二次操作，教师巡回指导观察。

（3）请记录完的幼儿想办法将记录单贴到黑板上，并和旁边的伙伴讲一讲自己的发现。

（4）教师与幼儿共同观察、讨论记录结果。

（5）教师小结：磁铁能吸铁制品。

3.提供问题情境，扩展幼儿经验

（1）出示游戏材料，引导幼儿思考。

①今天我们来玩一个钓鱼游戏，教师出示有磁铁的钓鱼竿和小鱼图片。

②请小朋友想一想、试一试，用什么办法可以把小鱼钓起来，小朋友们可以请盘子里的材料来帮忙。

（2）幼儿第三次操作，教师巡回指导。

（3）分享交流。

你的小鱼钓起来了吗？你用了什么好方法？请你边说边演示。

（4）教师小结。

刚才大家都想出了好办法把鱼钓起来，原来你们是利用磁铁能吸住铁制品的原理把鱼钓起来的，真会动脑筋。

黑龙江省虎林市八五六农场幼儿园　肖翠文

快乐魔盒

适宜年龄：小班、中班、大班

一、发展目标

1. 训练幼儿取、拿、抓、握的精细动作，促进动手能力发展。
2. 培养幼儿对颜色、大小、形状、图案的感知。
3. 练习幼儿动手垒高的能力及空间智能感。
4. 对数字的大小、体积有一定感性认识，初步学习排序。
5. 提高幼儿的分析能力，锻炼幼儿的逻辑思维能力。

二、制作材料

废纸、卡纸的边角料，彩色纸，数字卡，记号笔。

三、制作方法

1. 用不同的彩色卡纸制作成，大约为 5 cm 到 11 cm 不等的正方体纸盒。
2. 不封顶的正方体纸盒共有五个面，在每个面上设计不同领域的内容。
3. 在纸上画图、写上数字，打印，粘贴在纸盒的各个面。

"快乐魔盒"适合不同年龄段的幼儿，不同年龄阶段的幼儿玩这款玩具的方法不一样。3-4岁的幼儿可以进行数与量对应的游戏；4-

5岁、5-6岁的幼儿可以进行图形的分类、识字、语言表达等游戏。而可爱的小动物、花朵、柔和的色彩都给"快乐魔盒"玩具增加了娱乐性和实用性。

四、建议玩法

玩法一：堆叠金字塔

根据盒子大小，由大到小向上堆叠，建造一座金字塔，也可以全部从小到大套起来，变成一个大盒子。堆叠盒子的过程需要动用手部肌肉，还需要手眼协调才能保证金字塔不倒塌，这能够使身体的动觉智能得到很好的锻炼。

玩法二：色彩秀

漂亮的盒子有不同的色彩，可以让幼儿辨别颜色。不同的颜色能够有效刺激幼儿视觉发育，提升空间感觉。

玩法三：数字秀

每个盒子上都有不同的数字和相应的图案，让幼儿进行点数辨识，也可以按照从大到小的顺序排列。辨认数字以及按从大到小排列的过程是对幼儿数字思维的开发，有助于幼儿学习数学知识。

玩法四：动物世界

1.每个盒子上有同种动物，但少了部分数字，幼儿可补充相应的数字。

2.同种动物中，有不同造型、不同姿势、不同装扮的动物，可归类摆放在一起。

3.盒子上有不同的动物，选择它们喜欢吃的水果，摆放在一起配对。

玩法五：好玩的图形

1.盒子的面上放有各种形状的图形，让幼儿尝试认知形状。

2.按颜色、大小、形状给图形分类。

玩法六：认字说话

盒子的面上放有很多字，可以让幼儿按照方位连字成句。

玩法七：水果盘

盒子的面上放有不同的水果图片，既能认识水果，又可点数数字。

玩法八：安全标识

盒子的面上放有不同的安全标识，让幼儿识别图案，提高生活认知能力。

玩法九：美丽花卉

1.盒子的面上放有不同种类的花，让幼儿认识花名。

2.按照同类的花分类或按照数字多少排列。

五、实践案例

活动：快乐魔盒

活动背景：

"快乐魔盒"共有五个面，每个面一个内容，要利用套叠、观察、比较等方法来锻炼幼儿动手能力和空间思维能力。引导幼儿观察、发现按照一定规律排列，认识数字、练习点数、进行套叠，学习大小的区分与排序。本次活动主要是让幼儿在看看、玩玩、学学的过程中不知不觉辨别颜色、巩固对图形的认知，学会按形状、颜色、大小进行分类，提高幼儿对分类的认知，锻炼幼儿的动手能力和语言表达能力。

活动目标：

1. 学习按形状、颜色、大小、进行分类。

2. 培养幼儿的分析能力和思维能力。

活动准备：

1. 知识经验准备：幼儿会数10以内的数。

2. 物质准备：操作材料每人一套（画有不同颜色、形状、大小的图形），音乐磁带。

活动过程：

（一）出示"奇妙的口袋"，激发幼儿兴趣

1. 教师：今天老师带来了一个奇妙的袋子（出示奇妙的袋子），你们想知道里面藏着什么秘密吗？

2. 教师边念儿歌边出示快乐魔盒，让幼儿说其名称及特征。

（儿歌：奇妙口袋东西多，让我先来摸一摸）

（二）幼儿探索、操作，教师指导

1. 教师：小朋友们真聪明，快乐魔盒每个人一套，它们想请小朋友们帮个忙，帮它们找到和自己一样的好朋友。等会儿你们轻轻地走到各自的那一组去，想一想用什么办法帮助快乐魔盒上的各种图形找到好朋友，然后告诉大家。

2. 要求：

①幼儿在自己的位置上安静地操作。

②帮图形找到好朋友后,要说出是用什么办法找到的,用了几种办法。

3.幼儿探索、操作快乐魔盒,教师可以启发幼儿说一说自己所用的办法。

教师总结:可以把相同的图形和相同颜色的花放在一起作为好朋友,还可以找出大小一样的娃娃放在一起作为好朋友,这叫分类。

(三)游戏:谁最棒

幼儿分成两组,看哪组幼儿能快速把快乐魔盒里的小动物放在一起,快者为胜。

(四)活动结束

活动激发了幼儿的学习兴趣,通过具体操作,幼儿不但能正确对物体进行分类,而且能感受到成功的喜悦和乐趣。

黑龙江省虎林市八五六农场幼儿园　李丽

秘密小屋

适宜年龄：小班、中班、大班

一、发展目标

1.通过操作有趣的万花筒，了解万花筒的基本构造和影像变化的原理；通过对万花筒图像形成原因的探究，发展幼儿的创造力。

2.让幼儿知道通过有色玻璃膜可以变出不同的颜色，激发幼儿探索的愿望。

3.影子变变变的游戏，幼儿通过在探索、合作中发现物体和光源之间形成的有趣光影现象。

4.在影子猜猜猜活动中，在大与小的互动下，幼儿能够体验活动的乐趣。

5.幼儿能在表演皮影戏的过程中，初步了解中国民间艺术——皮影戏的表演形式，对皮影戏产生兴趣，喜爱皮影戏艺术；在共同制作、表演中体验合作的快乐，并从中获得成功的乐趣。

6.潜望镜能够激发幼儿探索欲望，知道生活中处处能够用到科学，意识到科学对我们生活的重要性。

7.通过混龄游戏增进幼儿的社会交往能力和良好品质的发展。

二、制作材料

废旧纸筒、废旧纸箱、生态板、PVC扣条、万向轮、免钉胶、卡

幼儿园自制玩教具精选50例

纸、幕布、手电筒、彩色纸、有色玻璃纸、彩色零件、双面胶、丙烯颜料、透明胶布、泡棉胶、平面镜、废旧KT板、刷子、磨砂玻璃、灯管、皮影人偶半成品。

三、制作方法

"秘密小屋"以生态板为主要材料，表面光滑不会对幼儿的皮肤造成伤害，也不需要再用油漆等涂抹，极大地保证了小房子的环保性；除此之外，生态板具有阻燃、防腐、防虫等功能，还有良好的稳定性，房子宽敞明亮，内部设置适宜幼儿操作，非常适合再次利用。

1. 百变万花筒

用透明胶布把三块平面镜条绑成三角形，镜面朝里形成三棱镜，把三棱镜推入废旧卷纸筒里，接着把磨砂玻璃嵌入废旧卷纸筒一端，用胶水和透明胶固定。

把少许彩色纸屑放入筒里，接着把另一块透明玻璃圆片嵌入纸筒另一端，同样用胶水和透明胶封牢。最后在卷纸筒的表面刷上漂亮的丙烯颜料，神奇的万花筒就制作完成了。

在"秘密小屋"门上做两个圆孔，用于存放做好的万花筒，幼儿可以直接在门上转动万花筒，也可以把万花筒拿下来转动。

2. 有色玻璃膜

在"秘密小屋"正面的窗户上分别贴上不同颜色的玻璃膜，另外利用废旧纸箱做成手柄，手柄中间的圆上也贴上不同颜色的玻璃膜，幼儿就可以看到不同的色彩世界了。

3. 请你跟我这样做

将幼儿平时感兴趣的手影动作，做成图示。用废旧KT板衬底，粘贴在"秘密小屋"里左侧墙壁的两边，留出中间空白的地方供幼儿做手影。

4. 皮影

选择尺寸合适的皮影戏幕布，镶嵌到"秘密小屋"一侧的窗户处，在幕布的上方安置好灯管，皮影人偶悬挂在幕布的两侧，幼儿根据需要自己选择喜欢的角色。

四、建议玩法

1. 百变万花筒

神奇的万花筒，它是由很多细小的彩色零件和平面镜做成的，通过转动万花筒，可以看到很多美丽的图案。

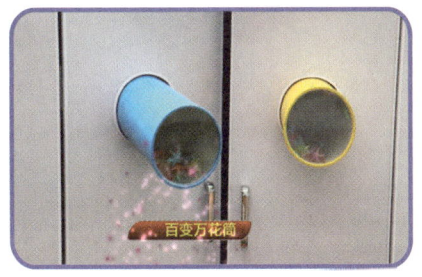

2. 有色玻璃膜

将不同颜色的玻璃膜放到眼前，可以看到不同颜色的世界，将两种颜色叠加在一起，可以变幻出色彩更多的世界。

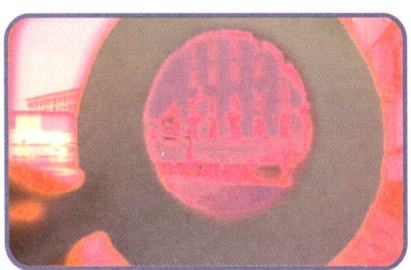

3.请你跟我这样做

幼儿根据两边牌子上的动作,用双手体验各种"变化"。

4.皮影

分好角色,拿好皮影,打开光源,就可以表演好玩又有趣的皮影戏。如果已有的皮影中没有幼儿需要的角色,可以自己根据制作步骤创设新的皮影。

五、实践案例

活动:有趣的皮影戏

设计意图:

废旧材料对幼儿教师来说一直都是无价之宝,通过不同的废旧物

品,能够启发幼儿探索、想象、组合、尝试、体验创新设计的乐趣。科学来源于生活,又回归生活,在操作玩教具的过程中能够激发幼儿多留意、关注并观察自己身边的事物。通过变废为宝的活动,让幼儿不断创新、大胆改良,使幼儿感受到废旧物品的用途与组合创新密不可分。在此基础上还能够培养和促进幼儿观察能力、推理能力和组合创新能力的相互渗透。皮影戏在幼儿园中的应用,使幼儿在集光影、美术、音乐、手工于一体的传统民间艺术中累积学习经验,在无形中感受传统文化的魅力。

活动目标:

1.在皮影游戏中,感知光、物体、影子的关系。

2.在实验中勇于尝试、积极思考。

活动准备:

课件、电筒、皮影人物、皮影戏视频及自制玩教具"秘密小屋"。

活动过程:

(一)观看皮影,引起幼儿对皮影的兴趣

教师:今天老师请你们看一场特殊的"电影",我们比一比,谁能发现这部"电影"特殊在哪里?

设问:

1.这部"电影"特殊在哪里呢?——认识"皮影戏",产生兴趣。

2.皮影戏是靠影子来表演的。

(二)玩皮影,探索影子形成的基本原理

影子也可以来表演,太神奇啦!你们想尝试一下吗?

推出玩教具"秘密小屋",幼儿进行探索。幼儿自由分成两组,一组表演皮影,一组作观众,作观众的幼儿要注意观影礼仪,保持安静。

1.幼儿自主操作,探索影子形成的条件

光照在皮影身上,皮影挡住了光线,就会在屏幕上产生影子,所以影子的形成需要光、物体和屏幕。

教师:你刚才是怎么玩的?小观众还看到了什么呢?

2.探索影子会动的原因

皮影动，影子就会动。

3.再玩皮影，感知光、物体、影子的关系

教师：那请你们再玩一次皮影，不过这次有一个要求：皮影不动，只是光动，请你观察影子有什么变化？

皮影的位置不变，光在移动，影子也会移动。

(三)表演皮影，进一步感知光、物体、影子的关系

幼儿自己制作皮影，自己决定皮影戏内容，自己制作海报，进行表演。

(四)玩游戏"快乐皮影戏"

让幼儿在道具"秘密小屋"里自主探索皮影的玩法。

活动延伸：

将"秘密小屋"投放到区域中，供幼儿继续探索与表演。

山东省泰安市宁阳县实验幼儿园　李丽君　陈艳玲

竹趣

适宜年龄：中班、大班

一、发展目标

1. 培养幼儿的想象力和创造力。

2. 幼儿能够根据竹片的颜色、长短、粗细等特征自主将物体按规律排序。

3. 探索竹片、竹筒之间的距离，探索水的流动。

4. 利用竹筒、竹片、竹圈的特征，发展想象力和动手能力，进行建构活动。

二、制作材料

竹圈、竹片、竹筒、小棍、颜料、写字笔。

三、制作方法

这是一组以竹圈、竹片、竹筒为主材料组合而成的充满竹乐趣的自制玩教具。本组玩教具分为竹圈篇、竹片篇、竹筒篇、竹组合篇4个部分。

1.竹圈篇

由竹圈拼搭、组合各种造型，也可以利用小棍与竹圈组合出较复杂的物品，如风车、摩托车。

2.竹片篇

竹片篇有竹片拼图和竹片乐两部分，竹片拼图是一种益智玩具，将零散的竹片组合成一幅图片。竹片乐玩法多样，比如，可以按竹片的特征进行排序。

3.竹筒篇

在粗细不同的竹筒上画上不同形状，可以进行拼图活动，也可以把竹筒包装成不同的颜色，展开三子棋游戏。

4.竹组合篇

竹组合篇是将竹圈、竹筒、竹片大融合，进行各种不同的拼搭组合。

四、建议玩法

这是以竹圈、竹片、竹筒为主材料组合而成的一组充满竹乐趣的自制玩教具。自投放到区域以来，幼儿用这些材料组合，建构不同的造型，是不可多得的既能够让幼儿动手，又能让幼儿动脑的自制玩教具。在数学上，幼儿利用竹片认知了粗、细，并会用各种方法按粗细排序竹片；又利用竹片上的颜色，用各种方法排序。这些材料既是建构的积木，又是益智的材料，还可以拼搭各种造型，让幼儿玩出了乐趣，使用效果较好。

1.竹圈篇

竹圈可以任意组合，建构各种不同的造型，还可以供幼儿玩找规律的游戏。

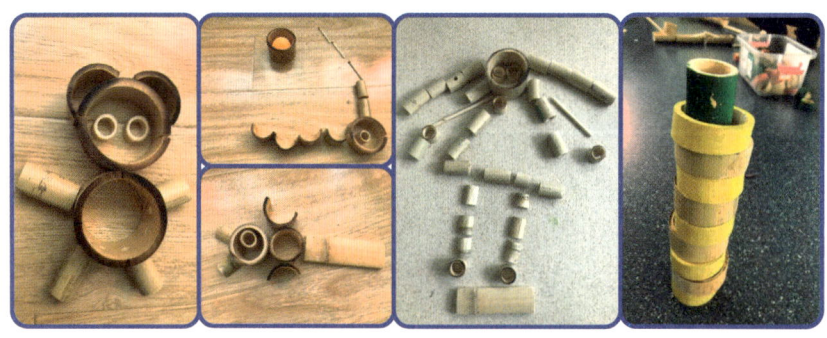

2.竹片篇

（1）竹片拼图

竹片拼图是一幅完整的风景图被拆成几十块，幼儿通过每片竹片间的联系特点进行组合，拼搭出完整的一幅图。

（2）竹片排序

在竹片上涂上不同的颜色，按颜色排序，颜色排序的规律不受限制，可以按竹片的长短来排序，也可以按竹片的粗细来排序。

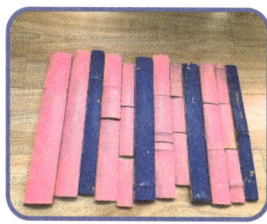
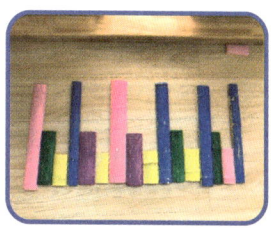

（3）竹片组合

在竹片上涂上不同的颜色，利用这些竹片拼搭小花、房子等形状，幼儿也可以自由发挥。

3.竹筒篇

（1）竹筒组合拼图

在竹筒上画有圆形、方形、三角形等不同的图案，幼儿可以随意拼搭成各种形状，如房子、小树等。

155

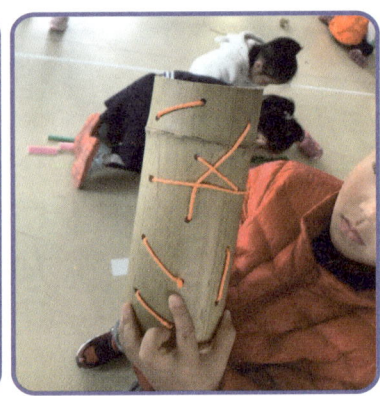

（2）三子棋

以大小不同的竹筒作为三子棋的棋子，除了可以直接下三子棋，大竹筒还可以套住小竹筒，创意玩三子棋游戏。

4.竹组合篇

（1）滚滚乐

幼儿可以发挥想象，任意组合竹圈、竹筒，玩滚滚乐游戏，探索各种滚动方法。

（2）玩水乐

幼儿自己调整竹圈、竹片距离、大小，建成有坡度的玩水玩具，探索水的流动。

（3）游乐场

利用竹圈、竹片、竹筒，开展大型建构游戏，建构游乐场。

五、实践案例

活动：趣味套圈

活动目标：

根据竹圈颜色寻找规律，激发幼儿学习数学的兴趣。

活动准备：

竹圈、画笔、白纸。

活动过程：

（一）幼儿玩规律套圈的游戏

幼儿自主套圈，和大家分享自己套圈是按什么规律套的。

（二）理解套圈玩法，创造更多的套圈方法

教师规定每次的竹圈数，幼儿利用竹圈规律来套圈，如3个竹圈为一组，幼儿可以按照1个红的、1个黄的、1个原色的规律来套圈，也可以按2个红的、1个黄的规律来套圈。

（三）画出自己想设计的套圈规律

交代要求：把自己想设计的套圈规律画出来，每人设计3个规律。

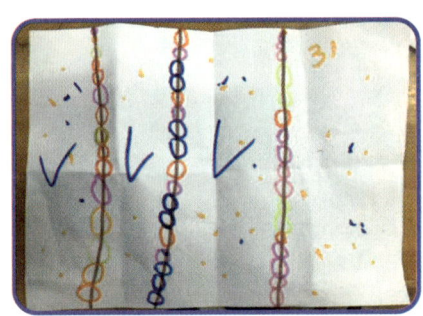 

活动反思：

通过集体教学活动，幼儿了解了按规律排序的方法，并在动手操作中积极动脑，创造出不同的排列规律。在此基础上，提升幼儿的经验，鼓励幼儿画出自己想创造的物体排列规律。当幼儿的创造热情被激发出来后，幼儿最多能创造7个一组的套圈规律，并积极把自己设计的套圈规律和同伴交流。在这样的活动中，真正体验以幼儿为本，让幼儿在玩中学、在玩中创造。幼儿能够主动学习探索，积极主动发现物体的排序规律，进行探究性的学习。

江苏省镇江新区翠竹苑幼儿园　王丽　林艳　杜敬敬

好玩的废旧纸筒

适宜年龄：中班

一、发展目标

1. 锻炼幼儿的钻、爬、走、跑、跳、平衡、投掷能力。
2. 发展幼儿的力量和耐力。
3. 在小组游戏中培养幼儿的合作能力。

二、制作材料

废旧纸筒若干。

三、制作方法

1. 改变纸筒的形状（对纸筒进行切割、打孔、添加等）。
2. 纸筒与纸筒组合（纸筒之间的组合、搭建）。
3. 纸筒与不同材料组合（纸筒与沙包、皮筋组合）。

四、建议玩法

（一）改变纸筒的形状（对纸筒进行切割、打孔、添加等）

1. 推滚纸筒

利用纸筒的圆柱体特征，让幼儿推滚纸筒，可以弯腰连续推滚，在设定线路内，比谁推得更快；也可以用力推滚一下，比谁的滚筒跑得更远，训练幼儿的臂力和掌握推的力度。

2.跳山羊

幼儿跨坐在纸筒上，运用上肢的支撑力量及下肢的配合前行，锻炼上下肢的力量，提高幼儿身体的协调性。

3.跳圈

将切割成最矮的纸筒排成排，幼儿纵队依次跳入圈内，直至全部跳完。训练幼儿原地弹跳能力及果敢的意志品质。

4. 攀岩

将纸筒挖洞竖放，一人支撑，另一人手脚并用向上攀爬。训练幼儿控制身体、掌握平衡和手脚协调的能力。

5. 抬树桩

将纸筒放于胯下，两人合作抬着前行。在合作前行的过程中，训练幼儿腰腿的力量，以及团结合作的精神。

6. 钻山洞

直径为 30 cm 的纸筒洞正适合幼儿钻爬，圆柱体的纸筒左右移动，加大了钻爬的难度。钻爬的动作，锻炼了幼儿动作的灵活性和协调性。

（二）纸筒与纸筒组合（纸筒之间的组合、搭建玩）

1.走独木桥

幼儿沿着纵向切开的纸筒的拱面走过，锻炼幼儿的平衡能力。

2.走月亮桥

将纵向切开的纸筒弯面朝上，纸筒的弧度会让"桥"左右摇晃，走在桥上的幼儿需要提高注意力，控制好身体平衡，才能顺利通过。

3.扔飞盘

将纸筒交错叠放，通过扔出窄的纸筒将纸筒堆打倒，训练幼儿的方向感和手臂的力量。

4. 负重跑

幼儿在身体上添加纸筒,从两个到四个甚至更多,以此增加自身负重,为跑步增加难度。训练幼儿身体承受能力,体验挑战自我的快乐。

5. 负重走

将尽可能多的纸筒添加到身上,在负重的情况下比赛走,训练幼儿动作的协调性和身体的承受能力。

6. 过宽窄桥

将长纸筒搭建成宽桥洞和窄桥洞,让幼儿鱼贯穿过,感受宽窄的不同,训练幼儿身体的灵活性和集体的合作精神。

7.跑S弯

将纸筒依次摆放,幼儿绕筒跑S弯,既锻炼幼儿绕障碍跑的能力,也提高了幼儿在小组比赛中的集体协作意识。

(三)纸筒与不同材料组合(纸筒和沙包、皮筋组合)

1.套圈

将纸球随意放置地面上,扔出窄纸筒,看谁套得准。训练幼儿手眼的协调性,手腕和手臂对力量的控制。

2.投掷和防守

圈外,几名幼儿拿着纸球通过各种方式投向圈内的纸筒,纸筒前有幼儿拿着盾牌进行防御,防止纸球进入纸筒。训练幼儿投掷和防守的能力,发展幼儿动作的敏捷性和协调性。

3.两筒或三筒跳皮筋

将纸筒竖立，套上皮筋，可以独自玩跳，可以两个人跳，还可以三个人或多人跳。鼓励幼儿创建跳皮筋的方式，通过各种跳或蹦，发展幼儿探索新游戏的技能。

4.穿越火线

纸筒竖立，将皮筋无规则缠绕，幼儿用自己的方式（弯腰、跳跃、匍匐等）穿过。从两个纸筒到四个纸筒递增难度，培养幼儿身体的灵活性，以及积极主动动脑的意识与能力。

五、实践案例

活动：送牛奶

活动目标：

1. 能快速完成走、跑、爬、投掷的整套动作，提高幼儿身体动作的灵敏性。
2. 体验给老爷爷送牛奶的乐趣，培养幼儿的爱心。

活动准备：

牛奶瓶、纸筒、音乐。

活动过程：

（一）热身运动，介绍游戏，激发幼儿对游戏的兴趣

1. 伴随音乐，教师带领幼儿绕纸筒跑跑、跳跳。
2. 教师介绍：去给老爷爷送牛奶的路上，要经过平衡桥（竖切纸筒）、S弯（纸筒依次摆放）、山洞（大纸筒）等，才能到达老爷爷的家。

（二）幼儿自由探索、练习走平衡桥、跑S弯、爬山洞

1. 出示由纸筒制作的平衡桥、S弯和山洞，幼儿自由探索、练习。
2. 请个别幼儿示范，引导幼儿交流并互相学习。

（三）以小组竞赛形式开展游戏，提醒幼儿遵守游戏规则

玩法：幼儿分成4组分别站在起跑线上。游戏开始时，第一名幼儿走过平衡桥、跑过S弯、钻过山洞，将手里的牛奶送到老爷爷的家里（纸箱），然后跑回来拍第二名幼儿的手，第二名幼儿重复第一名幼儿的动作……游戏反复进行，比一比哪一组先送完牛奶。

山东省威海市环翠区羊亭镇中心幼儿园　马晓颖　王盼盼

奇趣纸箱

适宜年龄：中班

一、发展目标

1. 促进幼儿身体健康成长。
2. 启迪幼儿认知的发展。
3. 促进幼儿社会性成长。
4. 培养幼儿良好的心理素质。

二、制作材料

剪刀，一样规格的纸箱若干，透明胶带若干，A4纸上打印有1-10的数字。

三、制作方法

1. 由几个纸箱连接在一起，以1.2 m宽、3-5 m长为宜，一个班可制作5个。

2. 在A4纸上最大限度地打印1-10的数字，剪下后粘贴在各色卡纸正中间，并按1-10的顺序用宽胶带把卡纸固定在纸箱上，再点缀几个小脚丫。

结合中班幼儿体育发展目标，利用身边闲置的纸箱设计制作简单、有趣、易操作的玩教具，不仅满足了幼儿喜爱玩民间游戏的心理，而且也锻炼了幼儿基本动作，如钻、单脚跳、双脚跳、单双脚交替跳、手膝爬、手脚爬、匍匐、翻滚、追逐躲闪等动作的发展。幼儿运用各种经验对玩教具游戏的玩法大胆进行再创造，使有趣的纸箱游戏得到有意义的拓展，赋予民间游戏更丰富的教育内涵。

此玩教具材料搜集方便、制作简单、便于自制推广，外形美观、安全环保、牢固耐用，幼儿喜欢、好玩，有创新各种玩法的空间，能有效增强对幼儿各种动作的训练，让幼儿从中体验创造的乐趣及与同伴集体游戏的乐趣。

四、建议玩法

1.平铺于地面

将纸箱打开一个一个首尾连接平铺于地面，幼儿鱼贯式或分组竞赛式在纸箱上做各种单脚跳、双脚跳、单双脚交替跳或手膝爬、手脚爬、匍匐、翻滚等游戏。

（1）单脚跳房子

（2）双脚跳房子

(3) 翻滚

(4) 匍匐

(5) 手脚爬

(6) 手膝爬

2. 围合

把纸箱围合起来，玩躲猫猫的游戏或追逐躲闪游戏。

3. 抬起纸箱搭山洞

抬起纸箱，搭建成可供幼儿玩钻爬的形式，由四名幼儿抬着纸箱搭建山洞，其他幼儿从下面钻过。

(1) 钻、爬

（2）丢房子

五、实践案例

活动：奇趣纸箱

活动目标：

1.学习匍匐，初步掌握匍匐的动作要领；

2.练习匍匐的动作，提高肌肉耐力和身体协调性；

3.体验匍匐比赛的游戏乐趣。

活动准备：

奇趣纸箱若干。

活动重点：

初步掌握匍匐的动作要领。

活动难点：

尝试身体协调一致匍匐前进。

活动过程：

（一）开始部分

边播放音乐，边做热身操。

（二）基本部分

1.出示奇趣纸箱，启发幼儿想一想：在奇趣纸箱上如何玩爬的游戏。

幼儿各自介绍自己爬的动作：手脚着地爬，手膝着地爬，匍匐，向前爬，倒着爬，横着爬等。

2.教师将幼儿分成两组鱼贯式用自己喜欢方式爬一爬。

3.请幼儿进行示范，教师纠正其动作并辅以儿歌帮助幼儿掌握匍匐的动作要领。

4.幼儿分组在奇趣纸箱上练习匍匐的动作，教师巡回纠正错误动作。

匍匐动作要领：

身体贴纸箱，眼睛向前看。

出左臂，曲右腿；出右臂，曲左腿；

匍匐向前进，多像解放军。

5.幼儿分两组进行匍匐前进比赛。

（三）结束部分

唱《我是勇敢小兵兵》歌曲，模仿小士兵离开活动场地。

河南省郑州市金水区新建幼儿园　陈莉娜

超级趣味小火车

适宜年龄：小班、中班、大班

一、发展目标

1. 根据幼儿特点和情境，创编相应的儿歌，让幼儿在情境游戏活动中进行操作，激发幼儿探索数学的兴趣。

2. 培养幼儿的观察能力，认识火车的外形特征，提高幼儿的思维能力和口语表达能力等。

3. 通过点数、一一对应、相同数量对应匹配等方法来感受5以内的数量。

4. 利用小动物排队上车，练习序数词，正确区分序数词和基数词。

5. 运用各种感官认识颜色，比较大小、长短、数量并进行排序，了解基本图形特征。

二、制作材料

1. 基本结构：1个火车头、5节车厢、6个小动物卡片、5个气球、表、标志旗、标识袋（各种标识）等。

2. 主要材料：饮料瓶、纸箱、瓶盖、易拉罐、彩色卡纸、标志卡、点卡、图形卡、长短不同的毛线、黏胶、铁丝若干。

三、制作方法

1. 把易拉罐、饮料瓶裁剪成适合的大小，然后用彩色卡纸包好。

2. 绘制出6种小动物卡片并涂上自己喜欢的颜色，制作5个大小不同的气球并粘贴上不同数量的圆点和长短不同的毛线。

3. 把准备好的各部分组装起来，超级趣味小火车就制作完成了。

四、建议玩法

玩法一：火车轰隆隆

播放音乐，拉出漂亮的小火车，引导幼儿有序观察，大胆描述火车头有几个、车厢有几个、车厢的颜色有什么，回答正确的幼儿可以拉小火车转一圈。

玩法二：漂亮气球比一比

在小旗上插入大小标识卡，引导幼儿观察5个气球的大小，让幼儿尝试按标识排列，排好后将小动物送上车，开动火车转一圈。

玩法三：辨色宝贝

在小旗上插入颜色标识卡，幼儿边念儿歌边把气球颜色和车厢颜色一一对应，然后小动物交换气球，游戏反复进行。

玩法四：对对碰

幼儿观察动物气球上的圆点数量，寻到车厢上相同数量的图形卡，将小动物送上车并说："XX小动物气球上有X个点，我把它送到X个图形的车厢上。"完成后开车转一圈。

玩法五：小司机

在小旗上插入加减符号，让幼儿操作学具，口编应用题。如"小火车，轰隆隆，5个动物排好队，上去3个剩几个？又来3个小动物，一共有几只小动物？"答对的幼儿当司机开车转一圈。

玩法六：超级趣味小火车

幼儿自己选择标识卡插到小旗上，请5名幼儿选自己喜爱的小动物拿在手里，教师挥动标识旗帜，幼儿看到标识后，马上按标识排成一排，边念儿歌边快速跑到相应的车厢，放好并站立。第一个正确摆放、到达车厢的幼儿胜利，游戏可反复进行。

五、实践案例

活动：超级趣味小火车

设计思路：

《指南》中指出，幼儿数学教学的重要目标是："让幼儿能从生活和游戏中感受事物的数量关系并体验到数学的重要和有趣等。""超级趣味小火车"是具有综合性、开放性、操作性等特点的玩教具，既符合幼儿的认知特点，也凸现了"以儿童发展为本"的教育理念。数学具有抽象性、概括性、逻辑性的特点，采用游戏化、生活化等多种方式，能够激发幼儿对数学的兴趣，使其主动、积极地参加数学活动。

本活动用到的材料易拉罐、瓶子、瓶盖等都是幼儿常见的物体，幼儿很喜欢摆弄。将这些物品制作成玩具的形式，以直观、立体、可操作的趣味造型展示在幼儿的面前，从主题活动、生活和经验中挖掘教学内容、丰富教学内容、整合教学内容，让幼儿在动手操作的过程中体会学习数学的乐趣。

活动准备：

利用废旧材料制作一列超级趣味小火车。

活动目标：

1. 学会遵守游戏规则，通过主动操作、探索、合作、交流，体验数学的重要和有趣。

2. 在游戏中感受事物的一一对应、排序、序数、比较等，使幼儿掌握初步的数学知识和技能。

3. 能运用各种感官，动手动脑探究问题，激发幼儿的好奇心和求知欲。

重点： 帮助幼儿掌握比较物体的方法，在操作中丰富幼儿的经验。

难点： 5个物体之间的相互比较方法，并学会用语言表达。

活动流程：

（一）认识、回顾火车

在音乐的伴奏下，教师出示漂亮的小火车，激发幼儿的兴趣。

教师：我是小火车，小朋友认识我吧？谁能说说我的样子？

引导全体幼儿观察火车，说出火车的结构特征、颜色、大小，以及车轮的数量等，让幼儿在自然放松的状态下开展活动。

（二）按标识排序

教师念儿歌：大气球、小气球，按标志排一行，小动物拿着它，

快快上车就出发。

教师出示标识旗，引导幼儿观察5个气球大小，让幼儿尝试按标识排列，排好后将小动物送上车。

（三）分解、组合5以内的数量关系

教师：小火车，轰隆隆，5个动物排好队，上去2个，剩几个？

引导幼儿积极抢答。

教师：小朋友们也来自己创编5以内数量关系的组合吧。

活动反思：

本教具以"情境主题、操作游戏、情感体验"为主要结构形式，旨在培养幼儿"主动学习、逻辑推理、创造思考、解决问题"的能力，使比较枯燥的数学活动变得生动、有趣，提高幼儿参与活动的积极性。在情境游戏中认识火车的外形特征并进行表达，可以提高幼儿的思维能力和口语表达能力，也可以让幼儿在情景游戏中探索5以内数量的分解、组合及加减运算，做到在玩中学、学中玩，帮助幼儿体验成功的快乐。

黑龙江省虎林市八五六农场幼儿园　丁相娜

纸箱总动员

适宜年龄：中班、大班

一、发展目标

1.能较持续、专注地进行科学操作活动，增加区域活动的趣味性、形象性，促进幼儿的全面发展。

2.加深幼儿对数量、形体、时空等实际意义的理解的同时学习简单运用。

3.能综合运用简单的比较、排序、分类、比赛等方法解决新问题，幼儿在操作中理解掌握知识，提高活动兴趣。

二、制作材料

废旧纸箱、各种颜色的线、螺丝钉、瓶盖等材料。

三、制作方法

利用大小不一的废旧纸箱和各种颜色的线、螺丝钉、瓶盖等，结合一些废旧物品通过缝制、填充、切割等方法进行制作。根据幼儿的年龄特点，本着"科学性、实用性、操作

性"等原则,按"安全卫生、就地取材、一物多玩、经久耐用"的要求,制作玩教具。涉及数学、科学、艺术、语言等领域,适合中、大班幼儿进行多种操作活动。

四、建议玩法

1.亮点纸箱宝宝

(1) 图形镶嵌板

材料:原形螺丝钉、橡皮筋、台球杆头。

玩法一:幼儿按照自己的图形经验将螺丝钉用皮筋划分成三角形、正方形、圆形等图形,加深对长方形、正方形、圆形的认识。

玩法二:拧螺母,让螺母在螺丝杆上自由移动,主要是针对幼儿小肌肉的发展,练习手部力量。

玩法三:有规律排序,提供台球杆头让幼儿按照ABAB、ABCABC等方式进行排序,同时巩固幼儿对颜色的认识。

玩法四:拼图游戏,利用台球杆头进行图片创作游戏。让幼儿根据自己已有的经验,进行随意的想象,从而发展幼儿的创造性,同时

在拼摆的过程中锻炼幼儿的手部肌肉。

（2）穿线游戏

材料：羊眼圈、线。

玩法：让线在羊眼圈中自由穿行。

（3）五子棋游戏

材料：棋盘、围棋。

玩法：幼儿在棋盘展示台上一决高低，还可以用五子棋接龙排序，培养幼儿的逻辑思维能力。

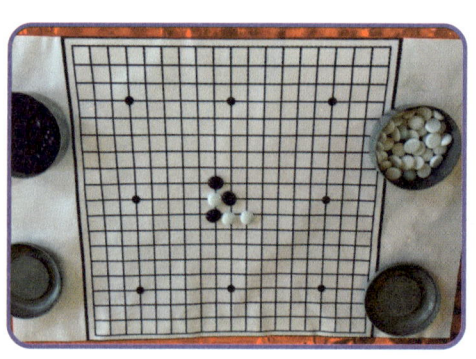

（4）数字迷宫

材料：螺丝钉、线。

玩法一：用线和半圆形螺丝钉穿成一个一个的方格子，在方格子上写上数字，让幼儿认识数字。

玩法二：夺旗游戏，幼儿从两端开始石头剪刀布，谁赢谁前进几步（石头代表走10步，布代表走5步，剪刀代表走2步）。

2. 手工纸箱宝宝

（1）鱼宝宝穿新衣

材料：鱼骨、丝带。

玩法：幼儿利用手中的丝带给鱼骨穿上不同的新衣，让幼儿练习线的不同缠绕方法。

（2）好玩的鞋宝宝

材料：一双自制鞋子、鞋带。

玩法：幼儿练习系鞋带，不仅锻炼幼儿的小肌肉，还提高了他们的自理能力。

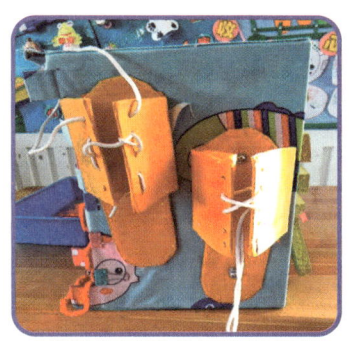

（3）爬山坡比赛

材料：小动物图片、线、螺丝钉。

玩法：用螺丝钉做山头，利用升降原理让幼儿操作手中的线，使小动物爬上去。

（4）箱子编围巾

材料：箱子、毛线。

玩法一：把箱子裁剪成宽度一样的竖条，然后用夹子固定，最后制成类似城墙顶的样子。

玩法二：第一圈将毛线从里向外缠绕在箱子齿上。

玩法三：第二圈将毛线缠绕在第一圈的上面，然后将第一圈毛线压过第二圈，向后扳至箱子齿后面。按照这种方法一圈圈缠绕，直到合适的长度为止。

3.数的分解

材料：卡纸、数字、摁扣。

玩法一：认识10以内数字。

玩法二：练习点数（10以内的数）。

玩法三：进行10以内数字的分解，进行加减运算、分合式练习。

玩法四：为数字排序。

玩法五：取下数字拼特殊号码，如120、110、119。

五、实践案例

活动：5的序数

活动目标：

1. 认识5以内的序数，能按符号指示方向排序。

2. 会用序数准确地表示物体在序列中的位置。

3. 乐意参加数学活动，体验自主操作的乐趣。

活动准备： 数字卡片1-5、动物卡片、箭头符号两个、玩教具认识序数5的房子。

活动过程：

（一）玩游戏"看数拍手"，复习5以内的数

教师出示数字卡，幼儿看数字拍手。

（二）认识5以内的序数

1. 出示图片"小动物做客"，复习5的点数

教师：今天有小动物到我们这来做客，我们来看看都谁来了？（小羊、小兔、小猫、小猪、小狗）

教师：这么多小动物，我们来看看有几只？（与幼儿一起点数）

教师：5个小动物要用数字几来表示？（请幼儿将数字卡片放在相应的位置）

教师：这个数字5还可以表示什么呢？（请幼儿说一说）

小结：数量是5的东西都可以用数字5来表示。

2.出示箭头符号，学习按符号指示方向排序

出示箭头符号，了解箭头指示方向。（从左往右、从右往左、从上往下、从下往上）

教师：小羊排在哪儿？用数字几表示？（请幼儿用数字表示并说出小羊排在第几位）

变换箭头符号的方向，说说小动物们分别排在第几位。

3.游戏"小动物住楼房"

教师：天黑了，小动物们要回家了，我们送它们回家吧。

楼房盖好了，但是没有标楼层号，请幼儿标楼层号，送小动物回家，并说出小动物住进了第几层。

（三）幼儿操作：巩固对序数的认识

幼儿自行组合、结伴重复刚刚学到的知识，反复练习以达到巩固对序数的认识的目的。

河北省高碑店市第二幼儿园　亢新颖

智慧百宝箱

适宜年龄：中班

一、发展目标

1. 进行几何图形的分割、拼摆，使幼儿感知图形的变化，感知2等分、4等分。

2. 通过操作不同数量的海绵球，练习数的形成，使幼儿了解数的实际意义，感知数的守恒。

3. 感知并掌握有趣的规律，如AB、AAB、AABB、ABC等。

4. 幼儿操作图片进行大小排序，如高矮排序、粗细排序等。

5. 幼儿通过操作图卡，感知数量守恒。

二、制作材料

废旧纸箱、彩色即时贴、瓶盖、彩色纸条、KT板、泡沫、图形卡片、数字卡片。

三、制作方法

1. 将废旧纸箱做成房子形状，用彩色即时贴进行装饰。

2. 房顶：瓶盖和彩色纸条按照规律进行排序装饰房顶，瓶盖和彩色纸条背面有魔术粘可以随意取下或更换摆放位置。

3. 房前：将KT板裁剪成长方形作为操作台，可以摘下再粘上。然后裁剪出正方形、三角形、圆形等几何图形，再把几何图形进行分割，背面贴上魔术粘便可以随意操作。

4.房后：将泡沫剪成球形，并粘上魔术粘，操作板面上有魔术粘，可以粘贴海绵球，也可以粘贴瓶盖。

5.房子左侧：图形卡片若干，可以进行大小、高矮、粗细的排序。

6.房子右侧：数字卡片和图形卡片若干，可以进行数量守恒的练习。

四、建议玩法

玩教具"智慧百宝箱"的外形是房子，主要用于幼儿园中班数学认知活动。这款玩教具集趣味、益智于一体，潜藏着许多益智游戏，以游戏的方式带动幼儿思考，手脑并用；以幼儿感兴趣的方式呈现活动内容，更能吸引幼儿的注意力，充分调动积极性。

1.房顶：废旧瓶盖、纸条等按规律排序。

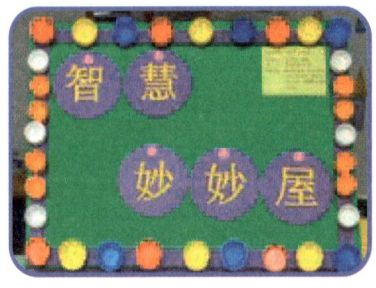

2.房前：图形变变变，进行几何图形的分割、拼摆，感知图形的变化，感知2等分、4等分。

3. 房后:多功能操作台。

(1)学习10以内的序数,知道小动物住第几层楼,从左边数第几个房间是小动物所住的房间,如:小鸟在5楼,从左边数第8个房间。

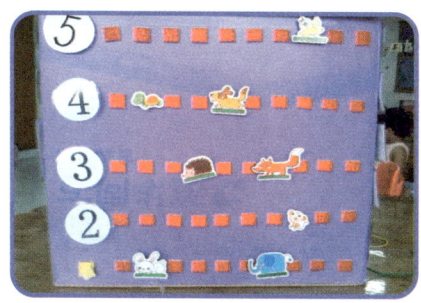

(2)学习相邻数,比较相邻数之间多1、少1的关系。

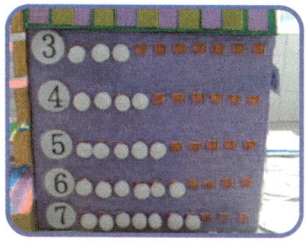

4. 房子左侧:图形卡片若干,可以进行大小、高矮、粗细的排序。

187

5.房子右侧：数量守恒，物体数量的多少与摆放的形状、大小、颜色等无关。

五、实践案例

活动：智慧百宝箱

此操作台基本上涵盖了中班所有的数学认知活动，它既可以作为教育活动时的教具，也可以投放到区域中供幼儿操作。

1. 在活动"找相邻数"中，教师通过操作"智慧百宝箱"的操作台，让幼儿知道10以内各数的相邻数。

2. 将"智慧百宝箱"投放到益智区中，幼儿利用它可以进行"找规律""比比看""找一找、拼一拼""分一分、数一数"等活动。如"找规律"活动中，幼儿在房顶操作瓶盖和纸条进行规律排序。

又如"找一找、拼一拼"活动中，幼儿操作图形，能在多种图形的干扰下找出半圆形和扇形，并利用圆形、半圆形、三角形、正方形

等进行拼图。

山东省聊城市莘县实验幼儿园　张慧玲

牛顿斯诺克

适宜年龄：大班

一、发展目标

1. 培养幼儿初步的探究意识和兴趣（探索力的大小、方向和作用点）。
2. 锻炼幼儿的手部肌肉控制力和手眼协调能力。
3. 培养幼儿的注意力、观察力和判断思维能力。
4. 培养幼儿懂得礼貌谦让的良好品格和规则意识。

二、制作材料

木料、绒布、泡沫板、纸杯、砝码、鱼线（无弹力线）、三色玻璃球（直径为3.5 cm）、球袋、记录卡。

三、制作方法

1. 设计玩具平面图。

外形尺寸：长94 cm，宽64 cm，高46 cm。

内台面尺寸：长90 cm，宽60 cm。

2. 根据平面图，使用制作材料制作球台。

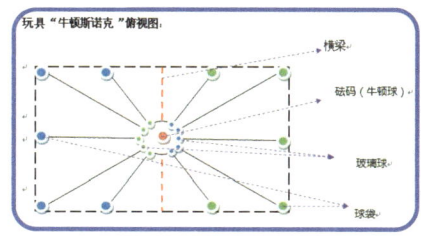

四、建议玩法

"牛顿斯诺克"属于益智类玩教具,操作简单,建议放置科学区域,以开发幼儿智力、发展幼儿动作的协调性为主。用手牵动横梁自然下垂的"牛顿球"(砝码),通过撞击放于不限定(规则要求自定)位置的玻璃球,使玻璃球入洞为目标;也可以根据操作者喜好另行选择球体颜色,球体数量可根据操作者需要增减,游戏难度可根据幼儿的熟练程度不断加大。

五、实践案例

游戏:赶小猪

活动目标:

1.想办法将小猪赶回家(让球入袋),培养幼儿的思维和动手操作能力。

2.幼儿通过记录学习按物点数1-5。

3.培养幼儿掌握禁止拿球冲人的安全意识和交替轮换游戏的规则意识，培养幼儿的良好行为习惯。

活动准备：

将玩具置于与幼儿坐高（或站高）相适合的桌面，使之处于水平状态。

活动规则：

1.游戏者不准拿球冲人、不得乱掷球。

2.只能用"牛顿球"击中入洞的球才算有效。

3.每人只能击球一次。

活动过程：

1.将幼儿（以甲、乙两人为例）分成两组，选定球色（比如甲选蓝、乙选绿，花球为平局做准备，谁先让花球入袋谁赢），选定自己的小猪的家（半个球场），讲解游戏规则。

2.以石头剪刀布决定游戏开始的先后，每人一次撞球机会，然后依次轮流进行。

3.将选定的球放于适当位置，用手牵动砝码至合适位置后自然放手，让砝码击中自己选定的玻璃球入袋，等于将自己的小猪赶回了家，同时在记录板上做标记（翻卡计数）。不论是否击中，每人只能撞击一次，游戏依次进行，谁先把花猪（花球）最早赶回家谁就是胜利者。

山东省淄博市高青县高城学区中心幼儿园　樊秀华

荷花转转转

适宜年龄：中班

一、发展目标

1. 幼儿通过不断调整泥工板的位置，自主探索荷花转转转的秘密。
2. 幼儿通过观察荷花转转转的现象，探索如何让荷花转起来。

二、制作材料

1. 泥工板、乒乓球（制作荷花）、毛球、滴管、海绵、水等。
2. 回形针、吸铁石、KT板等（干扰物）。

 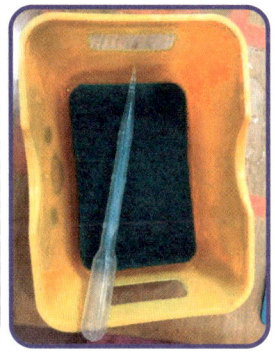 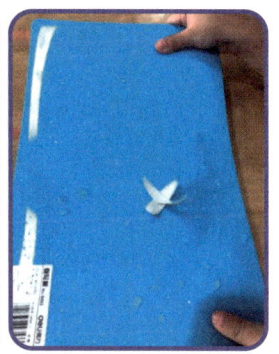

三、制作方法

《指南》指出：儿童有着与生俱来的好奇心和探究欲望；好奇、

好问、好探究是幼儿的年龄特点；探究既是幼儿科学学习的目标，也是幼儿科学学习的途径。由此可见，激发幼儿探究兴趣、体验探究过程、发展初步的探究能力是幼儿科学学习的核心。那么，如何激发幼儿探究兴趣、体验探究过程、发展幼儿的探究能力便是教师面对的重要难题。"荷花转转转"是一款科探类的玩教具，幼儿通过自主探究让荷花转起来，观察现象，并思考"荷花转转转"的原理。"荷花转转转"的制作方法很简单，将乒乓球均匀地剪成月亮型，然后搭配上所准备的相关材料，幼儿即可进行自主探索。

四、建议玩法

1. 第一阶段：幼儿自主探索让荷花转起来。教师将相关的材料一一呈现在桌面上，不告知让荷花转起来的秘密，幼儿自主探索。游戏结束后幼儿及时记录自己的发现与问题，并在讲评中与同伴分享，一起探究。

2. 第二阶段：幼儿自主探索如何才能不让荷花停下来和掉下来。此阶段幼儿已经知道水在其中的作用，重点是探索不让荷花停下来和掉下去的秘密，并记录自己的发现和问题。

3. 第三阶段：幼儿挑战两朵荷花一起转，可以是重叠式的也可以是并列式的，记录自己的发现和问题。

五、实践案例

活动：荷花转转转

第一次探索：

面对新材料，振振、冉冉、贝贝三个小朋友一开始很困惑，不知道该从哪儿下手。

教师鼓励他们动手试一试，冉冉把荷花、吸管、毛球、海绵放到水盆里，小眼睛看着水盆想办法。

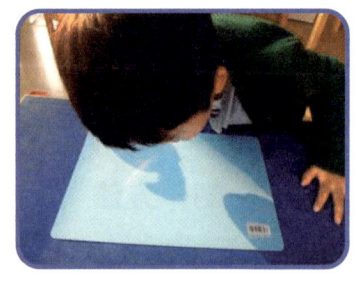

贝贝用小嘴巴对着荷花吹气,可是荷花没有转起来,反而被吹出了泥工板。

贝贝疑惑地说:"是我吹的气太大了吗?那我吹小一点。"然后他重新把荷花放回泥工板上,轻轻吹了一口气,荷花仍不动。贝贝有点垂头丧气,说:"还是不行,那我来换个好办法。"贝贝开始寻找框里的其他工具。

振振拿着吸管使劲吹荷花,荷花动了一下,振振激动地跳了起来,大声说:"老师,我的荷花转起来啦!"

"那可以让荷花转得快一点吗?"教师鼓励他。

振振信心满满地说:"好呀。"说着振振再次用力一吹,荷花跳出了泥工板,这下和贝贝的结果一样了。

三个小朋友并没有气馁,而是聚在一起商量办法。但时间过得很快,就要集体进行讲评了。教师请三个小朋友讲一讲今天探索荷花转转转时发生了什么好玩的事情,结果怎么样。

第二次探索:

今天玩"荷花转转转"的是多多、梓梓、妞妞。梓梓用小手拨荷花,荷花转了一下,但是每次只能转半圈或者一圈。

多多用吸铁石吸荷花,可是荷花不动。

看着幼儿们失望的表情,教师提示道:"荷花生活在哪里呀?"

幼儿们异口同声地说:"水里呀。"

然后,妞妞试着在泥工板上放了一些水,把荷花放上去,接着不停移动泥工板,奇迹出现了,荷花转起来了!他们激动地欢呼起来:"荷花转起来啦,荷花转起来啦!"

第三次探索:

今天顺顺、乐乐、园园、奔奔来探索"荷花转转转"。

有了前两次幼儿的探索,这一次他们直奔主题。纷纷在泥工板上撒一些水,然后把荷花放上去,开始移动泥工板。可是,奔奔和乐乐没有成功,他们茫然地看着老师说:"老师,为什么我的荷花转不起来呀?"

教师笑着说:"你们再想想办法。"

两个小朋友又加了点水,可是荷花还是不转。

两个小朋友有点着急了。

园园说:"你们快看我,我的荷花能转起来!"

奔奔和乐乐看着园园转荷花,恍然大悟,开始学着园园的样子转。

看着小朋友们都成功了,教师笑着说:"池塘里只有一朵荷花多孤单呀!"

小朋友们一下子就领悟了,纷纷在泥工板上放了2朵、3朵、4朵荷花,尝试着让更多荷花一起转起来!

挑战成功后,幼儿个个满脸喜悦。

浙江省海宁市实验幼儿园教育集团康桥幼儿园　陆金薇

喂喂小青蛙

适宜年龄：小班

一、发展目标

1. 让幼儿认识青蛙，知道青蛙的本领。
2. 幼儿能够手口一致地点数5以内的物体，能够按数取物。
3. 培养幼儿关爱小动物的意识，体验科学活动的快乐。

二、制作材料

绿色、白色、黑色、红色的无纺布，苍蝇、蚊子等昆虫的图片，塑封机，干胶。

三、制作方法

1. 用绿色无纺布剪出带有荷叶的青蛙轮廓图，用白色、黑色的无纺布剪出青蛙的眼睛，用红色的无纺布剪出青蛙的嘴巴和腮红，用白色的无纺布剪出青蛙的肚子，并在肚子上贴数字或代表数字的圆点（可以根据幼儿的发展水平进行选择），这样青蛙就制作好了。

2. 苍蝇、蚊子等昆虫从图片上剪下之后，用塑封机塑封好，背面贴上干胶，作为青蛙的食物。

四、建议玩法

1. 区域活动中，准备一定数量的害虫，采用两人或多人划拳的方式进行比赛，每次赢者收获一只害虫喂青蛙。最后点数谁的害虫最多，并找出对应的数字贴在小青蛙的胸前为胜。

2. 集体教学活动时，以此为教具，让幼儿认识青蛙，了解青蛙的本领，并进行手口一致的点数5以内的物体。

五、实践案例

活动：小青蛙捉害虫

活动目标：

1.能够手口一致地点数5以内的物体，并能说出总数。

2.能够按数取物。

3.关爱小动物，体验数学游戏的快乐。

活动准备：

青蛙玩教具、害虫图片。

活动过程：

1.播放青蛙捉害虫视频

通过观看青蛙捉害虫的视频，让幼儿认识青蛙，了解青蛙的本领。

（1）青蛙长什么样？眼睛、嘴巴、腿分别是什么样的？它最爱在哪里活动？是怎样走路的？

请幼儿模仿青蛙跳。

（2）青蛙是怎样捉到害虫的？捉到害虫后怎么吃呢？

引导幼儿模仿青蛙捉害虫、吃害虫的样子。

2.喂喂小青蛙

（1）出示青蛙玩具：小青蛙饿了，我们一起帮青蛙捉害虫，然后喂喂小青蛙吧。小朋友，请仔细看看，青蛙肚子上有什么？有几个圆点就要喂几只虫子哦。

（2）引导幼儿数一数、看一看青蛙肚子上的圆点或数字，如果是2，就找两只害虫贴在青蛙的餐盘（荷叶）上。

（3）数一数：引导幼儿把喂完的青蛙展示出来，数一数每只青蛙共吃了几只害虫。

活动延伸：

活动结束后，把玩教具投放在区域游戏中，供幼儿自主操作。

山东省荣成市虎山镇中心幼儿园　梁海萍

纸杯消消乐

适宜年龄：小班、中班、大班

一、发展目标

培养幼儿的观察与分类能力。

二、制作材料

纸杯。

三、制作方法

纸杯经济、丰富，既好收集，又可叠加在一起，教师操作起来比较简单。

小班：3-4岁幼儿能够对感兴趣的事物仔细观察，发现其明显特征。"纸杯消消乐"游戏初期是在纸杯底部画上或贴上两两相同的颜色图案。

中班：4-5岁幼儿能对事物进行观察比较，发现其相同与不同，能感知和发现常见几何图形的基本特征，并能进行分类。教师可以将纸杯底部贴上不同的几何图形或图画进行游戏。

大班：5-6岁幼儿能通过观察、比较分析，发现并描述不同种类的物体特征或某个事物前后的变化。教师可以增加数学、自然现象等方面的内容，比如纸杯底部显示"1+2""3+0""2+1"。

四、建议玩法

小班：在众多的底部带有颜色的杯子中将相同图案套在一起，看看谁套得多。游戏玩得熟练以后，每种类别的图案增加5-6个，难度增加更具挑战性。

中班：在众多的底部带有几何图形或图画的杯子中，将相同图案套在一起，看看谁套得多。

大班：在众多的底部带有数字的杯子中，将相同图案的杯子套在一起，看看谁套得多。

五、实践案例

活动：纸杯配对

活动目标：

1. 巩固学习过的颜色：红色、黄色、蓝色。
2. 幼儿能根据纸杯底部两两相同的颜色进行配对。

活动准备：

底部贴有不同颜色图片的纸杯若干。

活动过程：

（一）复习所学颜色

教师出示色卡请幼儿辨认。

出示红色，小朋友这是什么颜色？

出示黄色，什么东西也是黄色的？

出示蓝色，咱们班哪里有蓝色？

（二）出示纸杯，激发幼儿学习兴趣

纸杯底部都有不同的颜色标志，你能找到一样的吗？

请幼儿将底部颜色图案一样的纸杯套在一起。

幼儿操作，教师巡回观察并做适当指导。

请幼儿把套在一起的纸杯放在面前，并说一说是什么颜色的。

教师可以增加数量，增加游戏的难度。

活动延伸：

把材料放到区域里进行游戏，教师可以根据本班的幼儿特点及发展水平添加纸杯活动的内容。

河北省高碑店市第二幼儿园　杨春平

小糖豆的书之大大小小

适宜年龄：小班、中班、大班

一、发展目标

1. 幼儿通过主动观察和动手操作，循序渐进地巩固对物体形态、大小、变化的认知，获得关于大小概念的感性经验。

2. 激发幼儿科学探究、数学认识的兴趣和积极性，提升对数字数列、颜色对应、规律排序等认知能力的操作兴趣。

二、制作材料

泡棉纸、软毛毡、卡纸、折纸、硬纸板、子母贴、剪刀、记号笔、双面胶、白乳胶、热熔胶、胶枪等。

三、制作方法

"小糖豆的书之大大小小"主要运用粘、贴、画、剪、折等制作方式，利用子母扣取放便捷的优点，顾及外形美观、色彩搭配、内容童趣、操作方便、触感柔软、安全环保等因素，精心制作成册，给幼儿带来视、听、触的享受。

1. 裁剪出大小相同的泡棉纸、软毛毡、硬卡纸，取两张泡棉纸将软毛毡加在中间，用双面胶和白乳胶固定作为书的页面，制作两张夹硬纸板的书页作为封面、封底。

2. 提前设计好物体图案后,在泡棉纸上画下来,并且剪下来备用。

3. 把各种图案用白乳胶粘贴在书的页面上,有的地方需要用针缝合。

4. 把书的页面左侧整理整齐后,按着书本装订的顺序,装订成册。

5. 装饰封面、贴好页码。

四、建议玩法

"小糖豆的书之大大小小"是一套以大绘本书的形态呈现的适于3-6岁幼儿操作和使用的自制玩教具,灵感来自蒙台梭利的教育名言:"我听见了,就忘记了;我看见了,就记得了;我做过了,就理解了。"给幼儿亲自动手操作的机会,成为帮助幼儿自我探索、自我学习、自我发现、自我构建、自我发展的有效媒介;内容涉及科学、社会、语言、健康、艺术等多个领域;涵盖生活自理、数学认知、科学探究、社会常识等多个方面。幼儿可从美、奇、趣、乐、新、韵等不同视角操作、使用此玩教具,在游戏的过程中使幼儿的动手操作、手眼协调、想象创造、合作共享等能力得到有效的锻炼。"小糖豆的书之大大小小"制作包括"大动物·小动物""大人国·小人国""变大·变小"三个操作板块。

1. 大动物·小动物——主要体现动物王国中的大大小小,包含"大鱼来小鱼来""各种各样的蛋宝宝""熊大大和熊小小"。幼儿借助

生动的卡通动物形象，练习按大小进行对应和匹配，获得大小概念的感性经验，激发科学认知的兴趣和动手操作的能力。

2. 大人国·小人国——主要体现日常生活的方方面面，包含"大茶壶，小茶杯""大雨哗哗，小雨滴嗒""大家一起画月亮""大大小小的鞋子"。幼儿在找一找、看一看、比一比、摆一摆、试一试的过程中，根据提示，巩固正、逆排序能力，感受物体大小的相对性。

3. 变大·变小——"绿绿的番茄等着人来采，等着、等着，等得脸都红了"，主要体现事物的内在变化，包含"变了，变了""番茄红了"。幼儿通过想象、猜测、游戏等形式，感知事物的微妙变化，理

解儿歌的童趣，体验慢慢长大的快乐。

此玩教具应用形式多样，不仅可以投放到区域中供幼儿自由操作和使用，还可作为教师组织集体教育教学活动的辅助教具，增加教育教学的趣味性，激发幼儿探究知识的积极性。

五、实践案例

活动：熊大大和熊小小

活动目标：

1. 喜欢听有趣的故事，能说出画面的主要内容。
2. 能够区分物体的大小，尝试进行大、小的对应和匹配。
3. 提高动手操作、手眼协调的能力，体验操作的乐趣。

活动准备：

大小不同的毛绒玩具熊两只，大小不同的玩具车、苹果各两个，PPT课件，自制玩教具"小糖豆的书之大大小小"。

活动过程：

1. 创设游戏情境，激发幼儿参与兴趣。

①出示两只玩具熊，创设"熊大大和熊小小来做客"的情境，激发幼儿参与兴趣，增加活动趣味。

②提问：我们应该怎样招待小客人呢？谁玩大汽车？谁吃小苹果？（引导幼儿进行物体大小的对应和匹配）

2. 欣赏故事，帮助幼儿熟悉并理解故事内容。

①播放PPT课件，引导幼儿尝试说说画面的主要内容。

②完整欣赏故事，引导幼儿根据故事内容进行物体大小的匹配、对应。

3. 游戏巩固，引导幼儿进行故事创编。

①幼儿扮演熊大大和熊小小，尝试表演故事内容，自主选择大小匹配的物品。

②根据提供的玩具材料进行故事创编，结合句式"熊大大用大××，熊小小用小××"，鼓励幼儿大胆表达。

4.引导幼儿进行大小对应和匹配操作。

①出示玩教具,让幼儿在玩中体验自己动手完成事情的喜悦。

②指导幼儿动手操作时要精准、有耐心,引导幼儿边讲述故事边操作。

5.引导幼儿找一找身边还有哪些东西有大小之分。

活动延伸:

生活中鼓励幼儿寻找和发现物体的大和小,激发幼儿进行大、小的对应和匹配,并将自制玩教具投放到益智区,幼儿可在区域活动时自主操作和练习,体验操作的快乐和成就感。

山东省莱州市文峰路街道中心幼儿园　周艳

花样玩圈

适宜年龄：小班、中班、大班

一、发展目标

1. 幼儿能在绳子与绳子间距中平稳地完成走、跳、追逐、跑等动作。

2. 在跳、爬、钻、蹲等各种有趣的玩圈中，锻炼幼儿动作的协调性和灵活性。

3. 探究多种玩圈的方法，培养幼儿积极参加体育锻炼的好习惯。

二、制作材料

各色布条或绳子、废旧呼啦圈。

三、制作方法

用各种颜色鲜艳的布条裹住呼啦圈编成麻花辫子，至尾部时打上

结,在编织的过程中可分成五瓣或六瓣自定。

四、建议玩法

1.可手握圈圈站在圈中自转或双人转(锻炼身体的平衡能力)。

2.可将圈摆放地上,幼儿先后进行跳、跑游戏。

五、实践案例

活动:快乐的花样玩圈

周一的早晨,幼儿带着刚从周末回归幼儿园的快乐情绪,迎着徐徐的秋风开始了本周的第一个户外晨间游戏活动。活动开始前,小花蕾就迫不急待地问我:"老师,我们今天玩什么啊?"

我反问:"你想玩什么呢?"

小钊抢着回答:"就玩呼啦圈吧。"

小花蕾兴奋地附和着:"好的好的。"

幼儿们合作抬起了装圈圈的框,来到操场上。小花蕾先拿起一个圈邀请欣欣。

"欣欣，我们俩一起在圈里面转着玩吧。"

欣欣开心地说："好啊，我们俩和太阳公公一起转吧！"

跳跃中的她们，头发都飞起来了！

在一边观看的清清和露露也想玩了，一前一后参与跳圈中。只见露露双手握拳在空中用力甩着，边跳边说："看我跳的姿势多标准！"

清清也不落后，两人你追我赶地连续进行双脚跳。

这时，周围的小伙伴们纷纷跃跃欲试！当圈外的绳子被前面的小朋友不小心碰歪时，后面的小朋友会停下来把绳子拉直后再继续跳。彼此配合得那么默契，玩性很浓。

小钊离开人群，一个人独自转起圈来，越转越快，他大声喊着："老师，我飞起来了！"

小敏学着小钊的样子，边转边说："我也飞起来了，我还能一边飞一边跳舞呢！"

本次的快乐花样玩圈游戏，是幼儿自发自主玩起来的。因提供的圈圈是和爸爸妈妈一起制作的，所以玩得更嗨！在玩圈时，幼儿的想象力和创造力是绚丽而丰富多彩的，他们全身心地投入其中，或蹲、或跪、或旋转，既能单独表演又能与别人相互配合。游戏中，幼儿的社会交往能力也得到了最大限度的发展和提高。

《纲要》指出：引导幼儿在跳、爬、钻、平衡等各种有趣的活动中发展动作的协调性。幼儿园应开展多种有趣的体育活动，培养幼儿积极参加体育锻炼的积极性。因此，在幼儿自主表现动作的过程中，我没有过多干预或把自己的意愿强加给幼儿，而是在幼儿需要帮助的时候再给予具体的支持。

从实践中总结经验，富有创造性的一线教师能创设创造性的环境，就必然会培养出有创造性的幼儿。满足幼儿继续探索的兴趣，才能使他们的学习变得更有意义。合适的低结构材料，不仅可以给幼儿带来快乐，更能为他们运用多种感官积极主动学习提供条件。

江苏省如皋市如城健康幼儿园　刘琼

弹跳小达人

适宜年龄：小班

一、发展目标

1. 幼儿弯曲双膝，纵跳摸高（距离约15cm）。
2. 幼儿弹跳的同时，有方向性地拍打气球，发展其弹跳力及下肢力量。

二、制作材料

气球、小铃铛、丝带、呼啦圈。

三、制作方法

1. 在气球内放一个小铃铛，将气球吹大，用丝带扎牢固定在呼啦圈的四个方位，并且将呼啦圈吊起。
2. 气球的高度应悬挂于幼儿伸出手上方15 cm处，可根据幼儿身高适当调节至合适位置。
3. 除气球以外，可使用其他软球代替气球，增加幼儿击打时手部的不同触感，增加趣味性。

四、建议玩法

1.单人游戏：将气球拍起，使气球悬挂于呼啦圈上方则获胜。

2.双人对抗赛：对抗双方，谁先将小球拍打到呼啦圈上方，则获胜。

五、实践案例

活动：弹跳小达人

实施阶段一： 锻炼下肢弹跳力量。

弹跳小达人玩教具位置较为固定，锻炼的是幼儿的下肢弹跳力量，在投放初期，可引导幼儿原地纵跳的同时用头触碰气球。因气球

中间放置小铃铛,因此每次触碰都会产生声音,让幼儿获得成功的体验。

实施阶段二:锻炼手部与腿部的协调能力。

实施一段时间以后,当幼儿能够有力地控制自己的下肢力量以后,可以适当提高难度,鼓励幼儿手脚并用。在幼儿双脚跳起的同时,手臂有方向性地击打气球。根据不同幼儿的运动能力,设置不同的难度。能力弱的幼儿只需击打气球发出响声即成功,能力强的幼儿可将气球击打到呼啦圈上方即成功。

实施阶段三(延伸阶段):锻炼幼儿手眼协调、定向拍打的能力。

当幼儿能够手脚协调进行弹跳和击打以后,可引导幼儿进行PK。一对一或者二对二进行比拼。在对决双方的中间拉一根中线,双方进行对抗赛,努力使气球不落地,即获得成功。

上海市嘉定区迎园幼儿园　顾金凤

百变水管

适宜年龄：小班、中班、大班

一、发展目标

提高幼儿走、跑、跳、钻、爬、跨越、匍匐及团队协作能力。

二、制作材料

排水管、PVC管、穿线管、纸球、奶粉罐。

三、制作方法

1. 排水管：将较粗的排水管截成4段约50 cm长的短管，再分别将4段排水管纵向从中间切开变成8个半圆形凹槽状底座作为百变水管的底座。

2. PVC管：将较细的PVC管截成8段50 cm长的短管，再在截好的水管上打洞，每隔10 cm钻出一个圆洞，直径与蓝色穿线管的直径相等，供游戏时调节高度使用。

3. 穿线管：将穿线管截成约2.5 m的长度共4根。

4. 纸球：将报纸团成小球，用彩色胶带缠绕定型。

5. 奶粉罐：将开口的奶粉罐用材料装饰即可。

6. 为了作品的安全、美观，教师可用装饰材料进行包装和装饰。

四、建议玩法

1. 迷迷转

玩法：本游戏适合6-8名大班幼儿参加。幼儿各拿一根细水管围成圆，水管一头向下，垂直于地面。幼儿右手掌心向下按压住水管，左手背后。大家一起边念儿歌边游戏："迷迷转，迷迷转，大风吹来我就转。"当念到最后一个"转"字时，大家同时向前，抓住前面一名幼儿的水管，使水管不倒下。

游戏时，若出现其中任意一名幼儿水管倒下，游戏失败。本游戏可反复进行，也可分成两组进行比赛。

2. 你追我赶

玩法：本游戏适合6-8名大班幼儿参加。幼儿各拿一根细水管，水管打洞的一面向上，一个紧挨一个排成一横排。游戏开始，站在队伍最前面的幼儿将小纸球放进水管内，稍倾斜，使其滚动，滚入第二名幼儿的水管。该幼儿迅速从队伍最前面跑到队伍的最后面继续准备接球，依次进行，直到球掉入奶粉罐内。

游戏时，若出现小球落地则游戏失败。本游戏可分两组进行，球先进入奶粉罐的一组获胜。

3. 步步高

玩法：本游戏各年龄段幼儿均可参加。将粗细水管、穿线管组

装，教师可根据不同年龄、不同游戏，调节穿线管的高度，带领幼儿玩钻、爬、跳、跨越等游戏。除此之外，大班幼儿还可玩匍匐的游戏。

五、实践案例

活动：百变水管

活动目标：

1. 尝试用排水管、PVC管、穿线管、纸球做各种运动。

2. 乐意参与体育活动，提高幼儿团队协作能力。

活动准备：

排水管、PVC管、穿线管、纸球、奶粉罐。

活动过程：

（一）谈话导入，引起幼儿兴趣

教师：小朋友们，你们喜欢做哪些运动？你们都做过哪些运动？

（二）幼儿自主选择活动材料，尝试协作进行活动

1. 出示排水管、PVC管、穿线管、纸球、奶粉罐，引导幼儿进行观察。

教师：老师带来了五样东西，看看它们都是用什么做的？

2. 教师和幼儿共同说出这些东西的名字：排水管、PVC管、穿线管、纸球、奶粉罐。

教师：原来这些东西可以组合在一起玩游戏。

3. 幼儿选择排水管、PVC管、穿线管、纸球、奶粉罐，自由探索组合各种运动。

（三）教师指导

教师指导幼儿探索游戏玩法，制定游戏规则，引导幼儿团结协作，进行小组比赛。

教师：小朋友真聪明，想出这么多的游戏玩法。今天我们就选择其中一种玩法来进行小组比赛。

江苏省徐州市云龙区幼师翰城幼儿园　刘惠

好玩的管子

适宜年龄：中班

一、发展目标

1. 幼儿在自主游戏中体验管子游戏带来的乐趣。

2. 通过幼儿主动观察、操作，创造性地对管子进行简单造型，会玩各种管子游戏。

3. 培养幼儿在管子游戏中的探索精神，以及发现问题并与同伴合作解决问题的能力。

二、制作材料

不同形状的管子、玻璃球、乒乓球、纸盒箱子。

三、制作方法

1. 将管子截成不同长度的短管，部分短管切开变成横切面。

2. 提供玻璃球、乒乓球、纸盒箱子等辅助材料，供幼儿自主探索。

四、建议玩法

1. 幼儿自主用管子探索玩法。

2. 尝试玻璃珠与管子的各种玩法。

3.在水管切面内滚动乒乓球。

五、实践案例

活动：好玩的管子

玩出合作——管子与玻璃珠的游戏

我往探索区投放了玻璃球、乒乓球、小正方体等材料。游戏开始了，哲哲一下子看到了这些材料，他拿了一个玻璃珠看了看，扔到了管子里，兴奋地直叫："哇，快看，玻璃球滚出来了。"然后，哲哲接了一截管子，又把玻璃球放进去，他仍然觉得很好玩。于是哲哲玩性大发，连续将几段管子接起来，反复玩着滚玻璃珠的游戏。

屡次成功后，哲哲在直管后安装了弯管，尝试让珠子穿过弯管。可是，珠子像是在跟他捉迷藏，并没有滚出弯管，而是被卡住了。

他带着疑惑自言自语道："咦！珠子怎么滚不出来呢？"他把弯管拆了重新组装，再次进行尝试，结果还是失败了。

"这是怎么回事呢？"哲哲又把管子安装上，反复研究。

这时，坐在旁边的俊俊站起来说："我来帮你看看到底怎么回事。"

两名幼儿把管子拆了又拼上,反复研究了一番,可是珠子就是滚不出来。

哲哲生气地晃动着管子,玻璃珠子居然神奇地滚出来了,他激动地又蹦又跳。

我上前问:"你能告诉老师这次珠子为什么会滚出来吗?"

哲哲说:"刚才我用手摇动了一下管子,珠子就掉出来了。"

"原来珠子是在拐弯处被卡住了。"俊俊解释原因。

发现了这个"秘密"后,他们开始变换造型,增加难度。通过反复探索,幼儿们发现管子的倾斜方向可以改变玻璃珠的运动方向。

从游戏中我们可以发现,幼儿的探究能力、想象能力、创造能力都是无限的。他们可以通过不断尝试、操作来发现问题、解决问题。教师作为一个观察者,应从幼儿的视角出发理解他们的内心活动,把握他们的游戏线索,顺应幼儿的游戏需要,对环境进行调整,使幼儿玩得更开心。

玩出创意——切面水管内的乒乓球

格格和涵涵同时看到了探索区新投放的切面水管和乒乓球。格格最先走到切面水管前,好奇地问:"这怎么玩呀?"

格格的话把旁边的森森吸引了过来,森森说:"是不是乒乓球放在切面水管内端着跑,看谁跑得远并且乒乓球不掉落在地上?"

大家觉得是个好主意,纷纷加入这个游戏。

玩了一会儿,小朋友们跑累了。

皓皓说:"要不我们试试把乒乓球放在切面水管内,看谁的乒乓球滚得最快最远?"

听到这个想法,大家表示赞同。

但不一会儿,探索区便出现了状况,格格说:"我的乒乓球放在切面水管怎么不动?"

"这个切面水管放在地上太平了,没有坡度。"涵涵回答。

格格说:"那你把你那边的水管抬高一点,让我的球滚到终点。"

涵涵听到后把他那边的水管抬高,然后格格的乒乓球从切面水管中滚了出来。

　　看到此情景，我为他们提供了纸盒箱子，便于幼儿操作，协助他们初步探索球体在不同坡度的斜坡上运动时的不同现象。

　　随着游戏的推进，小玉拿了一个切面管子说："咱们把管子接在一起，一个挨着一个接乒乓球吧。"

　　随后瑶瑶拿着切面管就接到了小玉的切面管旁，其他幼儿见状也都跑了过来。

　　小玉把管子的一面抬高，乒乓球滚到了瑶瑶的管子里。但瑶瑶右手一抬，乒乓球又跑到了小玉的管子里。

　　森森着急了，急忙说："不对，不对，你应该往我的管子里运。"

　　小玉看着瑶瑶说："你学我，左手抬高，右手放低，等你接住了，再把左手抬高，不就滚过去了吗?"

　　他们玩着玩着似乎悟出了其中的道理，总结出：乒乓球是从高处往低处滚的。

　　幼儿乐于与人交往，也喜欢自己发现和解决问题。在这次的观察中，他们在探索操作中渐渐掌握了斜坡的重要性，并能够自主选择物品来增加游戏的有趣性和效果性。幼儿自主进行切面水管内的乒乓球游戏，是他们充分表现、自由交往、协作创新的愉快过程，使幼儿的兴趣需要得到满足，情绪情感得以激发，社会交往技能得以培养，促进了身心和谐发展。

黑龙江省虎林市八五六农场幼儿园　张晓宇

你我变变变

一、发展目标

1. 幼儿能够认识管件、管道等材料，了解管道中空的特性。

2. 幼儿能够感知管道的大小、方向、材质与物体流速之间的关系。

3. 幼儿能够通过改变管件的大小、材质、方向等，设计、组装出不同的管道。

4. 使幼儿对实验探索感兴趣，愿意参与实验互动，喜欢与别人分享自己的看法和发现。

二、制作材料

1. 白色小管道、蓝色大管道、透明塑料纸、玻璃球、乒乓球、弹力球、沙子、水、小石子、小铲子、小刷子、转轮、漏斗以及可充气的塑料游戏池。

2.一块上底60 cm、下底90 cm、高120 cm的橡木板。

三、制作方法

本作品分为A、B两面，A面是贴满粘扣可自由进行管道组合的木质底板，B面是带齿轮和漏斗的固定管道。无论是A面还是B面，将各部分材料粘贴在木板上即可，制作方便、简单。

　　　　A面　　　　　　　　　　B面

四、建议玩法

A面：通过粘、接、连等多种动手操作方式组合管道，形成通

道,让小球滚落。

B面:选取适量沙子或水,让沙子或水通过漏斗进入管道,再由管道流向转轮,观察沙子或水流动的状态和转轮流速。

五、实践案例

活动:你我变变变

活动目标:

1.认识管道,知道管道中空的特性,了解它们与人们生活的关系。

2.通过改变管道的大小、方向,设计不同的路径,进而感知物体流速的变化。

3.愿意参与科学活动,对实验探索感兴趣。

活动准备:

1.自制玩教具一套。

2.乒乓球、塑料球、沙子、水等可通过管道的小物品。

活动过程:

(一)导入:谈话

教师活动前要求幼儿回家独立甄别管道并将管道带到幼儿园。

师:小朋友们,管道是什么样的?

师:大家带来的管道中有一些并不是管子,哪些不是管子呢?

教师组织幼儿展开讨论,鼓励幼儿做出判断并陈述理由。

(二)认识管道

1.区分"管道"和"非管道"

教师指导幼儿将"管道"和"非管道"分开摆放,带领幼儿认识管道,总结管道的特性:管道是中空的。

2.认识不同材质的管道

教师出示准备好的塑料、铁、木质管道，带领幼儿做出总结：管道的材质、长短、粗细是多样的。

(三)幼儿自由探索

教师准备多张透明塑料纸，指导幼儿通过探索，卷出中空的管子，自由设计、组装、连接管道，形成通路，并在成品管道上借助沙子、水、小球进行游戏。

(四)分享交流

接好管道后，鼓励幼儿向同伴讲述自己的作品，并邀请同伴共同游戏。

活动评析：

管道游戏是幼儿喜欢的游戏，幼儿时常在建构区中利用大小不一、长短不一的管道进行搭建活动。"你我变变变"玩教具安全、多变，幼儿玩的兴趣很浓厚，特别是融入沙、水游戏后，给幼儿带来了更多惊奇和更多探索的空间，幼儿互相合作，探索出了更多有趣的玩法。

在活动中，教师要留给幼儿充分观察和尝试的时间，满足幼儿反复摆弄的需要，同时鼓励幼儿大胆表达自己的发现。当幼儿操作一段时间后，教师要及时更换其他材质的操作材料，如投放小石子、决明子等可在管道中移动的物品，供幼儿探索。

宁夏回族自治区银川市第一幼儿园　王芸

妙妙屋

一、发展目标

1. 通过开展棋类活动,激发幼儿下棋的浓厚兴趣。
2. 培养幼儿的观察力,提高思维的灵活性和敏捷性。
3. 学习、掌握棋的下法和规则,勇于和同伴对弈,培养幼儿的独立思考分析判断力、挫败力和自制力。

二、制作材料

KT板、黑色卡纸、剪刀、铃、塑封纸、即时贴、幼儿绘画工具等。

三、制作方法

(一)整体造型

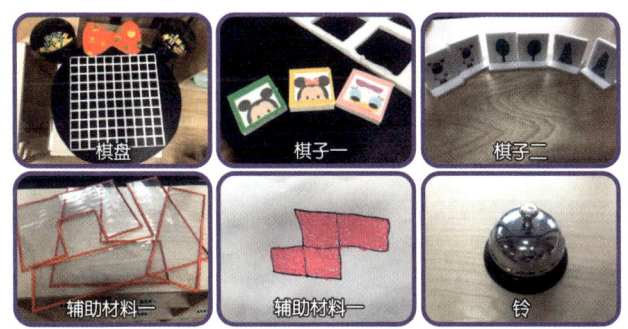

（二）制作过程

1.用KT板裁出一个头像作为棋盘，棋盘上用KT板割出10×10的棋格。

2.耳朵用黑色卡纸进行塑封围成一个圆，作为棋子的收纳盒。

3.棋子用KT板割出若干个方形的棋子，贴上头像作为棋子的分类以及障碍物。

4.制作辅助材料一，用塑封纸进行空塑，根据棋格的尺寸进行不同形状的剪裁，并用即时贴将边缘进行粘贴。

5.制作辅助材料二，幼儿自主绘制的由方块组成的不同结构的图形。

四、建议玩法

玩法一：寻找羊宝宝

1.幼儿将羊宝宝和障碍物的棋子自主摆放于棋格中。

2.两名幼儿从对角开始，依次前进一格，并且只能直线前进，不可斜线前进。

3.直至将棋格中所有的羊宝宝找到，找到羊宝宝数量最多的幼儿获胜。

玩法二：一起来

1.幼儿将羊宝宝和障碍物的棋子自主摆放于棋格中（为公平起见，两边放置的障碍物应对称）。

2.两名幼儿从对角开始依次前进，每次只能前进一格，同时只能直线前进，不可斜线前进。

3.最先找到羊宝宝的幼儿获胜。

玩法三：最强大脑

1.幼儿自主绘制多个方块图形，组成不规则结构，并形成一本图形册。

2.每次翻开一张图形，幼儿在观察和记忆后将图形抽掉并进行记忆。

3.通过记忆将观察到的结构用棋子进行复原，幼儿完成后按铃表示完成，速度最快并且准确的幼儿获得胜利。

温馨提示：所有玩法中的时间计时，可以使用其他方式来替换，如幼儿举手示意完成也可。

五、实践案例

活动：妙妙屋

设计思路：

班级中的幼儿每周都会带自己的玩具和同伴分享，有个别幼儿会带一些棋，渐渐地幼儿对下棋有了浓厚的兴趣，只要有空就会见到幼儿围在一起玩棋。但由于下棋有规则，幼儿不会商量，合作意识、遵守规则意识等都较淡，因此在玩的过程中总会出现矛盾。本次活动，希望幼儿在共同游戏中了解一些下棋的规则，并知道要遵守规则。

活动目标：

1.幼儿愿意和同伴共同玩各类棋。

2.幼儿初步体会规则的意义，并学习遵守。

活动准备：

各类棋、色子、棋子若干。

活动重点：

了解并学习遵守下棋的规则。

活动过程：

（一）幼儿找朋友玩飞行棋——初步了解下棋的规则

1.你们玩过什么样的棋？今天我们来玩飞行棋。

2.幼儿互相找伴玩棋。

3.教师观察幼儿玩棋的情况,并进行适当指导。

(二)集中讨论刚才玩的情况——通过讨论进一步理解规则

1.你们刚才是几个人玩的?是怎么玩的?为什么有的小朋友吵了起来?

2.讨论:下棋时我们要注意什么?怎样玩才会不吵架?

3.幼儿讲一讲、议一议(可以请一些会玩的幼儿讲一讲要注意的事项)。

4.教师小结:下棋时可以2个人、3个人、4个人一起玩,在玩之前要先商量好规则,这样才会避免矛盾的发生。

(三)幼儿再次找同伴玩棋

1.帮助个别组的幼儿商定规则。

2.提醒幼儿在玩的过程中要遵守规则。

上海市嘉定区爱里舍幼儿园　曹妍

跑旱船

适宜年龄：中班、大班

一、发展目标

1. 认识旱船，知道跑旱船是我国民间艺术形式之一。

2. 在划船和行走的过程中锻炼幼儿的平衡感、协调能力以及方向感，培养同伴间团结合作互相配合的能力。

3. 体验跑旱船的乐趣，感受民间传统文化特色。

二、制作材料

1. PVC管：用于旱船船体的制作。

2. 等径立体三通：用于连接旱船三根通径相同并成垂直相交的管子。

3. 铁丝：用来制作旱船船头和船尾又尖又翘的造型。

4. 彩绳：用于制作旱船船体的肩带。

5. 瓦楞纸、海绵纸、即时贴、彩龙等材料：用于装饰旱船的船体，使其更加美观。

三、制作方法

1. 先用黄色、绿色镭射即时贴对使用的12根PVC管进行装饰，再用立体三通把装饰好的PVC管连接成船体的形状。

2.用铁丝弯成又尖又翘的船头和船尾造型,再用彩龙进行缠绕装饰。

3.在船身处交叉系好彩绳,固定好肩带。

4.用瓦楞纸、海绵纸等美工材料制作成流苏的造型,对船体进行装饰,让旱船更具民族特色。

四、建议玩法

一名幼儿站在旱船内,背着条形布带在双肩上,双手提着旱船两边的船舷带着船行走,主要控制好船的方向,可进行"Z"字型或"S"型跑;另外一名幼儿在船外,手持船桨模仿划船的动作,两人配合默契共同完成跑旱船的表演。

五、实践案例

活动:跑旱船

设计意图:

旱船是依照船的外观形状制成的木架子,在这种船形木架周围围缀上绘有水纹的棉布裙或海蓝色的棉布裙。在船的上面,装饰以红绸、纸花,有的地方还装有彩灯、明镜和其他装饰物。

"跑旱船"是我国一种古老的民间艺术,它有着浓郁的民族风格和生活气息,是中国乡土艺术的瑰宝。将富有民间艺术特色的"跑旱船"充实到幼儿的游戏活动中,利用废旧材料制作造型优美的"旱船",让幼儿在表演的过程中感受传统民俗文化的魅力。

活动目标：

1. 了解跑旱船是二月二龙抬头庆祝活动之一，丰富幼儿对传统文化艺术活动的经验。

2. 学习跑旱船的表演方法，培养幼儿的表演兴趣。

3. 锻炼幼儿的身体协调能力、合作能力。

活动准备：

1. 制作好的旱船两只，两根1m长的小棍作桨；

2. 音乐《金蛇狂舞》。

活动过程：

（一）出示制作好的旱船

请幼儿欣赏制作好的旱船，激发幼儿学习跑旱船的欲望。

1. 教师：小朋友们，我们的旱船制作好了，谁来分享一下你的制作过程呢？

2. 教师从制作材料、小组分工、制作过程以及同伴合作等方面进行小结。

（二）播放视频

播放跑旱船视频，请幼儿模仿跑旱船的基本动作。

1. 教师请幼儿完整欣赏表演视频，提问：视频里的演员在表演什么？

小结：这是民间舞蹈《跑旱船》，是人们在过节或者喜庆的日子里进行的表演。两个人一组配合表演，一个人在小船里，另一个人在船外划桨。

2. 请幼儿在欣赏的基础上自由模仿跑旱船的动作。

3. 教师提醒坐船的幼儿使用小碎步进行表演，并用语言提示幼儿注意船、桨、手、脚等的动作。

(三)自由组合,合作表演

1. 教师示范怎样划船,怎样坐船,讲解表演时应注意的问题,如两人眼神的交流,路线要走曲线,坐船人紧跟划船人,身体动作要自然、协调等。

2. 请幼儿分组表演,加上锣鼓伴奏,对幼儿表演中的问题及时纠正。

3. 评出"最佳划船手"与最佳"坐船人"。

4. 请幼儿欣赏视频里还有哪些表演(扭秧歌、大头娃娃、踩高跷等)。鼓励幼儿讲述自己的见闻并模仿。

延伸活动:

1. 将自制旱船和船桨放在区角,供幼儿继续练习。

2. 增加秧歌、大头娃娃等表演内容,让幼儿模仿更多的民俗表演活动。

结语:

在科技日益发达、多媒体娱乐方式日渐抢占幼儿视线的今天,我们愿意用这样的玩教具将原汁原味的民间艺术无声地植入幼儿的心田,让它们成为幼儿挥之不去的美好记忆。

山东省滨州经济技术开发区沙河街道中心幼儿园　赵娟